用少少的時間　省下大大的一筆

圖解 不動產買賣

買房子的第一本書

《第四版》

法學博士　錢世傑 — 著

扭轉不健康房市的責任

身為法律人，為什麼要花時間寫這一本不動產的書？

已經寫了19本的法律書，卻要將自己人生的第20本，留給介紹如何買房子的書。原因無他，實在是對於不動產的亂象感觸甚多，自己剛踏出社會的5年內，就憑藉著衝動，買了第一間房子。雖然整體上感覺還不錯，但也存在著不少的缺點。

之後也看過了至少1,000個以上的建案或房子，卻一直找不到讓自己心動的另一個窩，反而因此看遍世間冷暖，和房地產業者邪惡的一面。眼看著許多小市民在建商、投資客的手掌中被玩弄，連帶著整個健康的市場也遭到了扭曲，政府也拿不出什麼營養的解決方案。所以，就當作上帝在半夜睡夢中的指示，完成這本個人應盡責任的書。

這是一本工具書

大多數的購屋者都是第一次，也許人生也只有這一次購屋體驗，但卻因為資訊的不透明，房地產業者拖延了許多重要法律的制定，例如地質法直到民國99年底才通過，整整歷經14年，這些令人不齒的把戲，讓許多房地產透明的機制無法建立，導致購屋者成為無知的待宰羔羊。

法律是重要的購屋工具

　　身為法律人，希望能從自己專業的法律角度出發，配合上自己近30年的看屋經驗，從規劃篇、選屋篇、看屋篇、價格篇、契約篇、交屋篇六大面向（第一至六篇），讓購屋者可以照著本書的角度，一步一步地在購屋過程中，可以有一個值得信賴的朋友，也知道自己在法律架構下應有的權利。

　　本書設定為工具書，除了各篇的觀念，每一篇若涉及到重要的參考資料，也會為讀者解釋相關概念，或者是告訴讀者該如何找到進一步的資訊。在本書的最後，也提供三篇有關重要資料查詢、重要法令介紹，以及訴訟參考資料（第七至九篇），讓讀者能夠找到更多豐富的資料，即使第一次買房子，也能成為購屋達人，不要讓辛苦一輩子所賺的錢，都成為建商或仲介嘴巴上的一塊肥肉。

　　房地產的相關制度、法令改變速度很快，來到了第四版，一些協助查詢資料的網站已經換了網址，許多法令也修正不少，還有許多統計數據必須更新，希望這一本能成為長長久久、資料完備與正確的工具書。

錢世傑

民國 111 年 7 月 29 日

圖解不動產買賣 目錄

第四篇

買到合理的價格

第五篇

別簽下充滿陷阱的契約

第一篇

買房子的規劃與時機

買房子心裡要有個底

首先是你為什麼要買房子？是單純替自己買，還是替家人買？有沒有考慮到父母的狀況？小孩子的學區？自己目前的資金情況？是投資還是自住？

其次，買房子的基本功夫準備好了沒有？是否曾經看過任何一本有關買賣房屋的書籍？還是只看過買房子賺千萬、第一次買房子就賺錢的投資性書籍，而滿腦子只想要賺錢，忘記了最初買房子的目的——只是希望有個溫暖舒適的家。

本書除了介紹一些書籍外，還提供各種好用的資源，讓讀者可以依據自己的需求，找到更多有用的資訊。最後，還會針對購屋的最好時間點，提出一些參考的指標，避免自己買到高點、賣在最低點。

本篇大綱

需求在哪裡？

先搞清楚需求，再看房子

　　買房子要看需求，大多數的讀者並不像筆者把看房子當興趣，立志要寫一本買房子的書。所以不要一房也看、二房拼命看，三房漂亮也想買，有多少需求就專注於多大的房子，例如新婚夫妻可以看兩房也可以看三房，資金少一點，看套房也可以。如果搞不清楚自己的需求，只能說是浪費自己的時間，把時間花在刀口上，找到適合自己的房子吧！

　　簡單來說，孤家寡人的，買個三層透天，要拖地還找不到人與你分擔，所以買個套房剛剛好，頂多兩房也就綽綽有餘了。結了婚短期內卻不想要生子女者，兩房到三房，剛好也落個舒適。結婚後5年之內，生了兩個小孩子，一個小孩一間房，加上書房或兼做客房，可能就要多一房的需求，四房是剛剛好。除非小孩子到外頭唸書，住在學校或宿舍，否則兩房或三房並不是好的選擇。

　　如果工作地點並不固定，譬如說長年都在外出差，或者是說短期之內有更換工作的考量，則暫時不適合買房子；除非是錢太多，到處買一間「行宮」，否則等到穩定下來之後，再來考慮買房子這件事情。

家庭整體需求，而非個人需求

　　購屋資金不是一筆小數目，除了需求之外，也要考量口袋的資金能否有效支撐，所以建議以「最近5年內」的需求為主要的考量。當然也要考量上一代的需求，例如上一代的年歲如果已高，選擇有電梯的大樓會比爬樓梯的公寓還要好；鄰近菜市場的，父母也會比較喜歡，如果沒有上一代的考量，超級市場對於年輕人也就相當便利；近年來因人口老化，鄰近醫院也成為熱門需求。

投資？還是自住？

　　每天聽到廣告或者是電視名嘴講到「Location, Location, Location」，還有所謂的「寧願買好地段的爛房子，也不要買爛地段的好房子」。

　　這種以投資為主要買房原因的宣傳台詞，不斷透過媒體來洗腦民眾，所以我常聽到周遭的朋友以此為購屋的核心觀念。可是，這句話是以投資的目的買房，未必適合以自住為目的的民眾。

　　臺北市都更潮熱門的時候，有位投資客在媒體上大聲嚷嚷，大安區每坪低於30萬元的老公寓都收。如果一般民眾聽到這種說法跟著做，買了爛到不能住人的老公寓，等到士林文林苑事件發生後，都更卡住，房價大跌，恐怕哭都哭不出來了。

　　因此，大多數的民眾買了房子在短時間之內不會換房子，甚至於有住一輩子的，畢竟對於小市民而言，買房子是要住的而不是投資，那就如同張金鶚教授在其房產七堂課一書中所言，這句話應該改成「寧可買爛區位的好房子，也不要買好區位的爛房子」。

　　舉個例子，在新店上班，可以不買新店一坪40萬元的電梯大廈，而到龍潭買一坪不到15萬元的透天厝，5點下班走國道三號也不太會塞車，換來一個大空間，何樂而不為呢？所以，想要什麼房子自己最清楚，不要聽這些只知道用響亮口號來彰顯自己的名嘴，停掉第四台，你的頭腦就會比較清楚了。

我不喜歡捷運宅，喜歡安靜的山區住宅。

學區考量

　　學區也是一大考量，例如未來高中入校的依據如果是「學區」，則遷移到較好高中附近的學區，對於小孩子的發展也有所幫助。筆者就有同事賣掉了新店的電梯華廈，搬到中正紀念堂附近的舊公寓，主要的考量也就是學區（是否以學區為決定進入特定學校的依據，主管機關政策一直在變動，請自行考量）。

　　撇開特定學區的考量因素，距離也很重要，如果離自己住家近，對於小孩子上下學也很方便，不必開車或騎著摩托車接送小孩上下學，對於剛好在事業上打拼期的父母，可以減輕不少的負擔。

老年人的需求

　　現在大多數家庭少子化，依照我國傳統的習俗，子女要儘量就近照顧父母，如果房子買的離老家太遠，老人家萬一有些狀況發生，子女要照顧父母就相當困難。其次，老人家因為行動能力會愈來愈不方便，所以最好是住在一樓或有電梯的住宅，現在有許多透天住宅也蓋有電梯，只是電梯維護成本很高，住戶數要量大才能降低維護成本。否則電梯欠缺好的維護，萬一獨居老人卡在電梯中，又沒有緊急鈴可以對外聯繫，恐怕會造成嚴重的悲劇。

想要當包租公（婆）

常常在電視上看到報導影視明星購買套房出租，當個包租公、包租婆，讓每個月都有穩定的現金流。想要當包租公、包租婆是天經地義的事情，如果買了一間公寓30坪，每坪15萬元，概略成本以500萬元計算。在不討論合法與否的前提下，隔成四間，每間以6,000元出租，每個月可以收到24,000元，1年扣除掉維護費用，25萬元收入應該是可以預期的，年報酬率可達5%。

只是這樣子隔間是否合法？還有是否租屋市場供過於求？是否能順利租出去？都是必須考量的因素。如果只聽廣告有高投報率就貿然投入大筆資金，恐怕後悔的機率將大大提高。

惜命條款

近幾年來房價高漲，購屋成本增加，但出租的收益卻沒什麼成長，導致報酬率跟定存也差不多，卻要面臨房客欠租，或者是房客在租屋處賭博、種大麻，或者是經營色情交易，更慘的是直接在房子裡面自殺，讓房子變成凶宅。

為避免房客自殺導致屋價慘跌，房東會要求租賃契約的「連帶保證人」要在契約中承諾以房屋市價的一定成數，例如75%，甚至是市價買下該屋，也就是所謂的「惜命條款」。

當然，此一條款恐怕有違反公序良俗之嫌，從民法的角度來看應該屬於無效的條款，當事人即使簽了這類型的契約，而房客也真的發生自殺事件，可以在打官司的過程中主張無效，或許有機會免責喔！（類似案例可參考臺灣高等法院109年度上字第1065號民事判決）

相關法令

> **民法第72條規定**
> 法律行為，有背於公共秩序或善良風俗者，無效。

資金評估：有多少錢，買多大的房子

別揹著一間讓你無法喘氣的房子

臺灣許多民眾明明不是投資客，卻用投資的心態買房子，看著別人買，自己也一次買了好幾間，管他有沒有風險，結果等到利率一提高，就因為貸款負擔太重，壓得自己喘不過氣來。所以，一般消費者買房子，不要讓自己變成屋奴，跟蝸牛一樣，每天為了那個殼能繼續背在身上到處奔波，這是何苦啊！

留下一筆保命資金

天有不測風雲，這句死板的成語卻充滿了古人的智慧，所以買房子一定要留些基本生活費，曾經有位學弟剛找到一份月薪5萬的工作，就狠下心買了一台80幾萬的車子，結果買了車子沒多久就因故離職不幹了；又有一位朋友剛升官，月薪變成7萬，夫妻兩人育有一子，馬上毫不考慮地買了一間1,500萬的房子，但隔沒幾個月，公司卻以營運不佳將其裁員，每個月的房屋貸款壓得他喘不過氣來。

所以，身邊一定要留一些隨時可以動用的現金，或可快速轉為現金功能的資產，例如定存變現的時間極短，也等同現金，又如股票、基金，變現的時間不長，大約是3到7天，也都可以當作是緊急資金的一環。

計算你的買屋能力

要留多久的資金呢？

一般而言，都是設定6個月的基本生活開銷，範圍則包含基本食衣住行育樂，每年的保費、車貸、稅金、學費等也要計算在內。假設是本書的讀者群，應該以平均每月3萬元的基本生活開銷較為常見，6個月就是18萬元，如果保守一點拉長到9個月，就必須保留隨時可動用現金27萬元。

所以，如果存款有200萬元，大概就是有173萬元可使用的自備款，以買新成屋、中古屋來說，大約可以貸到七成的房貸，買到大約600萬元的房子。如果是在鄉下或郊區，600萬元就能買到不錯的房子了。

如果改成買預售屋，蓋預售屋的期間是3年，這3年之間又可以多存100萬元，也就是有273萬元的自備款，也以七成貸款來計算，可以買到約900萬元的房子。在臺灣各地區，可以選擇的標的又多出了許多。

只是預售屋買的房價可能比較高，而且通常殺價也有一定的限制，很難談到七折以下的價格。所以，這是一個兩難的狀況，如果想要找到真正又好又便宜的房子，恐怕預售屋不是一個好的選擇，所以就必須準備更多的自備款。

每個月的利息與本金

以貸款600萬元計算，如果20年償還，年利率3%，每年的本金加上利息，就是30萬元＋18萬元＝48萬元，平均每個月為4萬元。雙薪年收入10萬元的家庭還可以接受，但如果有突發事件，例如被裁員，家庭月收入從10萬元降為5萬元，恐怕現金流就會產生問題。

近期利率大約只要1.6%，再加上30年期、40年期貸款，讓大家會用更大的槓桿買房子。假設以30年期、1.6%的貸款來計算，大約每月只要償還2.1萬元；過低的每月支付成本，會讓購屋者誤以為自己可以負擔，假設利率因為通膨而大幅度上升到3%，則每月支付金額就會增加約4,300元，1年增加5.1萬元的支出，對於小資族來說，可能就是壓跨駱駝的最後一根稻草。

先還利息，不還本金

以剛剛貸款600萬元為例，每年所要繳交的貸款利息大約是18萬元，每個月只要1.5萬元。但是因為沒有還到本金，也會讓銀行賺取更多的利息，通常不建議只還利息的期間太長，如果10年都是只還利息，光利息支出的費用就高達180萬元，尤其是如果利率走高，恐怕只還利息並不是一個非常好的選擇。

建商零利率？

政府透過降低貸款成數的方式——特定地區購買第二間房屋的購屋者只能貸款六成——希望能達到遏止不當的房屋炒作。但是建商也不是省油的燈，有某淡水地區建案的建商，以零利率為幌子，表示由建商出資借這兩成的錢，讓住戶依舊可以貸款到八成，以利房屋的成交。

可是零利率真的不必付錢嗎？

首先這類型的借款期限比較短，也許1到2年不等。以1,000萬的房子來說，一般的銀行貸款可以貸到600萬元，如前所述，假設年利率為3%，第1年即要償還本息共48萬元；再加上建設公司多出來的借款200萬元，1年要償還100萬元，還要加上一期<u>手續費</u>，若以4萬元計算，第1年就需支出152萬元。

客戶借的錢比較多，槓桿風險提高。原本有400萬頭期款的客戶才可以買得起1,000萬的房子，透過這種方式，讓頭期款200萬元的客戶也買得起。只是前者每年要償還48萬元，後者前2年，每年卻要償還「（48）＋（100＋手續費÷2）」。客戶是否能夠負擔得起呢？建商才懶得管你！

1,000萬房屋貸款試算

	銀行貸款	銀行貸款＋建商借款
自備款	400萬	200萬
20年銀行貸款	600萬 每年還款30萬 每年利息18萬	600萬 每年還款30萬 每年利息18萬
建商借款（2年期）	0萬	200萬元 每年還款100萬 手續費每年4萬
前2年，每年還款金額	48萬元	152萬元

該繳貸款囉！

我沒錢了

購屋人　　建商

做足功課：建立購屋的基本知識

培養專業知識，遠離購屋糾紛

　　一般購屋者都難以擁有關於土木、裝潢、契約等這些涉及到專業領域的學問，必須要找許多資料才能一窺究竟。但是大多數的購屋者往往就上網Google一下，然後就跟女人買包包一樣，靠著衝動與膽識就買了下去。等到出了問題，再氣急敗壞地找人幫忙擦屁股。內政部所整理的不動產消費糾紛來源，仲介與建商佔大宗，而仲介又遠遠超過建商一倍，與一般購屋者大多購買中古屋或預售屋的情況相符（如右頁表）。

閱讀不同角度的專業書籍

　　筆者建議，最容易取得的資訊是先閱讀幾本基礎購屋知識的書，重點在於輕鬆易懂，而且不要選擇以名嘴為號召的書籍，因為通常名嘴就是只有那張嘴。擁有專業房地產知識的人，一定要扎深功夫，才能對房地產問題有充分的瞭解。

　　筆者規劃本書的架構是由買房子的不同階段鋪陳，從基本概念的建立到選屋、看屋，談價格與簽訂契約等相關內容，最後更提供了許多重要的參考資訊，包括海砂屋、輻射屋、凶宅、土地有無遭受污染、房地產價格資訊，以及與房屋買賣相關的法律知識以及打官司的基本注意事項。

　　寫這本書的目的，是希望能在紛亂變態的不動產交易市場中，以自己看屋的經驗與研究，加上自己的法律背景，用更多不同的角度幫小市民們建立購屋的哲學，也希望輕鬆有趣的寫法，能讓本書成為一本可以隨手翻閱的工具書。

2021年第3季房地產消費糾紛來源

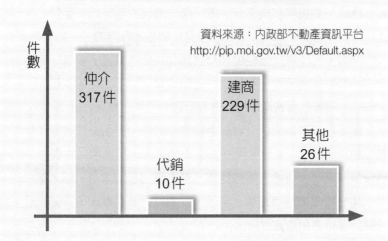

資料來源：內政部不動產資訊平台
http://pip.moi.gov.tw/v3/Default.aspx

件數

仲介
317件

代銷
10件

建商
229件

其他
26件

2021年第3季房地產消費糾紛原因前8名

1	2		4
房屋漏水問題 （115件）	隱瞞重要資訊 （38件）	訂金返還 （斡旋金轉為訂金） （38件）	終止委售或 買賣契約 （36件）
5	6		8
施工瑕疵 （32件）	服務報酬爭議 （25件）	稅費相關爭議 （25件）	廣告不實 （23件）

把看房子當作樂趣

　　筆者很喜歡看房子，因為看房子可以發現許多新的詐騙手法，嗯！應該不要說是詐騙手法，用「違法邊緣的高明行銷手段」來形容比較好。多看房子，可以提高自己免於被騙的戰鬥力。

　　其次，有時候談價格也涉及到談判技巧的練習，殺價的策略與談價格的順序都必須要有很多實務經驗練習，才不會在最關鍵的時刻敗下陣來。多多利用看房子的機會學習談判，不也是很好嗎？

　　筆者經過長期訓練，現在還蠻會談價格。但第一次買房子就是菜鳥，對方開價600萬元，我只小殺了20萬元，很棒的一件事情，15分鐘後就成交了。當時立即感受到不對，真的是殺太少，但人重然諾，所以用相對高檔的價格買了房子。只能從旁敲側擊中，得知有許多住戶買的價格更高來安慰自己。

最佳購屋時機點

利率高檔的時機

　　利率是筆者看待房價是否有轉折的重要因素。還記得當初購買第一間房子時，利率接近10%，繳納貸款的過程非常辛苦，因為利息很高。試想看看一間600萬元的房子，如果貸款500萬，每年利息就要50萬元，相較於現在2%的利率（有些甚至不到2%），每年的利息只需要10萬元，差距相當大，高額利息會讓投資客卻步。

　　反之，高利率也代表存款利息比較高，會有效地吸納市場游資。試想看看，如果你有投資股票，當看到配息相當於殖利率6%以上的股票，消息只要一見報，很多人就追著去買這檔股票，因為換算出來的利息比起現在很多不到1.0%的定存利率，實在是太誘人了，如果存款利息高，也會跟高殖利率股票有一樣的效果。

　　因此，除非投資賺取房屋價差能明顯地超過高存款利息的利潤，否則購屋的資金將會逐漸轉到定存中。看看現在的房屋價格相對高檔，若是經濟情況回升，通膨問題嚴重，政府必然會提高利率，當升息2到3年後，屆時房地產價格就有機會出現明顯的轉折點。

利率偏低的時機

　　每個人都想知道買房子的最佳時機點，從事後諸葛的角度來看，真希望SARS再來一次，不是希望病毒歸來，而是希望購屋的最佳時機再度降臨。張金鶚教授曾經提到最佳的購屋時機，當然是「房價持續向上，利率偏低之際」。所以在2003年SARS風暴尾聲時，剛好符合這個要件，所以張教授曾在當時宣稱：「大家可以買房子了！」

　　這樣子的說法很多人搞不太清楚，因為從2003年到2012年房價

一直呈現明顯上漲的趨勢，而且利率都很低，那是否一直都是好的購屋時機呢？當然不是這個意思。看看2012、2013年的房地產價格依舊居高不下，但也有一點爬不太上去的樣子，畢竟當價格過度攀高，需求自然會降低。從土地所有權移轉登記以及建物所有權移轉登記，2012年相較於2011年均有下降的現象。

利率偏低的時機，房屋比較容易走多頭，要買在相對低點，就要等待重大事件的發生，例如SARS，或者是2008年金融海嘯，都讓房市價格顯著的降低，如果在這時候切入購屋，不僅可以買到低的房價，還可以享受到低利率。

2020年起因為Covid-19疫情的關係，國際經濟受到嚴重打擊，許多國家以印鈔、打開資金水龍頭的方式來因應，美國甚至使出「無限QE」的招數，使得房地產與股市都快速來到高點；2022年6月美國通膨來到了9%的驚人數據，隨著收縮資金、提高利率的腳步，低利率時代即將暫時告一段落，房市價格逐步回檔應該是可以預期。

未來會有什麼大事件？

1997年亞洲金融危機、2002到2003年SARS，或2008年金融海嘯，早已經遠離我們，下一個事件是什麼呢？南北韓爆發戰爭？或是兩岸關係再度緊張？或再次發生全球性或亞洲區域性的金融風暴？人口負成長？估計平均大約每隔5年，就會有顯著的重大事件發生。

等待，是一種美德。

2022年起又因Covid-19疫情導致嚴重的通貨膨脹，各國開始將利率逐步調升，因此房價的轉折點應該也不遠了。如果此時切入房地產市場，也許還有10%的獲利空間，但如果遇到轉折，賠的錢可能就會腰斬。不是以不動產投資為專業的小市民，還是乖乖地等待房地產價格的轉折，等待低點再進場比較安全。

實質需求減少

我國人口統計，自2008年突破2,300萬人，總人口數依舊持續成長，2011年已經成長到2,322萬人。但是出生人口逐年下降，雖然民國100年，也就是2011年，出生人口增加（19.6萬），2012年是龍年，甚至於高達近23萬人，但這只是特殊因素導致的暫時性暴增結果，並不能改變出生率大幅降低的窘境。2013年之後又回跌至20萬人以下，2018年只剩下18.1萬人，2021年更是只剩下15.3萬人。

新生兒降低，為何人口還是持續上升呢？

主要原因是死亡年齡延後以及外來人口（通常是外籍配偶）的增加，都延緩人口負成長的時間，但2020年起人口已經呈現負成長，甚至不輸日本人口老化的速度（如右頁圖）。

況且人口老化的時代，整體人口結構中老人比例增加，將可能造成政府財政上的困境，少數年輕人要養多數已經退休的老年人。此外，老年人口有可能集中居住在養老院、老人住宅，會造成傳統住宅供給量過多的結果。

即使不住在養老院、老人住宅，在市區中由於難以見到透天住宅，使得電梯大廈因為上下樓梯方便，會遠優於爬樓梯的公寓，而成為老人住宅的首選，公寓的價值恐怕因為過於老舊而降低，唯一吸引人的地方大概就是實質使用坪數較高。

所以，在供需法則的經濟學理論下，這些實質需求減少的趨勢如果不變，對於購屋者而言，是不得不注意的關鍵點。

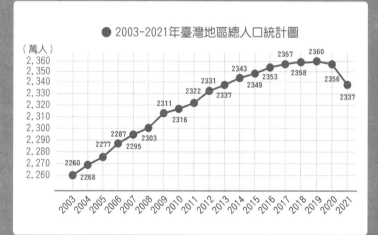

● 2003-2021年臺灣地區總人口統計圖

（萬人）

註：2020、2021 年因疫情關係，旅居海外人士無法回國，導致「遷出」
人數激增；待疫情結束後，應會和緩或小幅反轉。

● 2003-2021年臺灣地區出生人口統計圖

（萬人）

資料來源：內政部戶政司

房地產價格是漲還是跌？

由供需基礎來看房地產

　　有的從人口結構、有的從利率，也有的從稅制，甚至是大陸來臺買房等因素，都成為彼此攻防的焦點。目前筆者主要是以供需為論述的基礎。談到供需就一定會提到人口結構，筆者以出生人口數繪製了右頁這幾張圖，從圖1的標示方框立即可以知道一件事情……

　　什麼事情呢？

　　在回答之前，我們要先做一個假設，參考一些書籍、自己經驗與社群初步調查的結果，設定27～41歲為首次購屋的主要族群。

　　2022-41=1981

　　2022-27=1995

　　因此，1981至1995年出生的朋友是目前首次購屋的主力。

　　所以我要回答的答案很簡單，目前主要的首次購屋族群落在右頁圖1的框框中，以每年的出生人口來看，購屋主力目前大約是在32～42萬人之間，處於我國出生人口的高檔時段。

少子世代現在還是小朋友

　　20年後的主力才是我們耳熟能詳、出生人口僅20萬的所謂「少子世代」。換言之，當我們口口聲聲地說少子化、少子化，但這些出生人口為20萬人的世代，目前頂多還在念國中、高中，很多現在才國小、幼稚園，甚至於才剛出生，要買房還久得很。況且現在已經出現了15萬世代（2021年），未來低於15萬人的出生人口數應該就是常態。

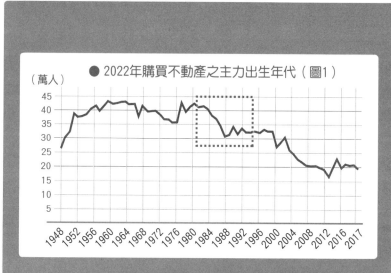

● 2022年購買不動產之主力出生年代（圖1）

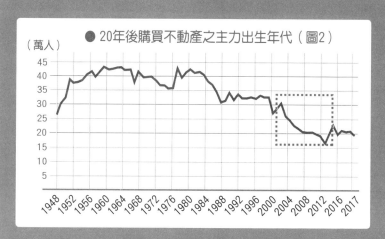

● 20年後購買不動產之主力出生年代（圖2）

很多「專家」主張人口結構不會影響不動產價格，那是因為現在購屋主力還是32～42萬人之間。實際上，還要再20年之後，少子化世代才開始有買房子的需求啊！（前頁圖2）

人口反轉並不代表購屋人口反轉

2020年後人口反轉迄今，有認為不動產將開始下跌的人，可能又要失望了，讓我們來看一下前頁的圖1⋯⋯

人口反轉這件事情並不會使得購屋主力大幅度下降，此時還是在出生人口30幾萬人之區間。

因此，大約要10年後，印象中所謂少子化（20萬出生人口數）才會開始進入有購屋需求階段。

我的觀察角度

以前寫過很多篇不動產趨勢的文章，細部內容就不再反覆論述，在此僅將重點論述一下：

1. 人口減少，繼承集中化，使得需求變少。（請搜尋〈繼承：不動產價格崩跌的第二刀！〉之文章）

2. 重劃區，都更與社會住宅使得供給上升：重劃區的影響最大。（請搜尋〈驚！老一輩買房「2大恐怖盲點」害慘下一代〉之文章）

3. 2020年人口反轉，但這個因素對於房市的影響不大。

4. 1998年出生人口陡降之階層來到27萬時，需求將於2025年間快速下滑，此時應該會引發新聞媒體大量關注，也許這邊會是房地產的崩跌點。（2025年，65歲以上老人達到20%，邁入超高齡社會）

5. 本書第四版出版的20年後，也就是2042年，主要購屋人口將來到20萬出生人口的少子世代，屆時從出生人口的結構來推算需求，大約只是現在的六成；而且這邊不會是低點，因為「少子世代」將

走向「極端少子世代」，也就是出生人口往10萬挺進。

6. 都市集中化、鄉村空洞化，都市的房價影響較小，沒有特色的鄉村可能都要併村了，根本不必談不動產價格的漲跌，也許會學習日本以送屋、送土地、各種補助進行搶人大作戰。（請搜尋〈都市集中化鄉村空洞化買房應避開3地雷區〉之文章）

7. 雖然通膨會影響房價，但參考日本經驗，未來通縮壓力不輕。

8. 大量印鈔、人口移入，才能讓不動產價格反轉，但我國欠缺大量印鈔的本錢，目前也還沒有明顯的人口移入現象。（註解：2020～2021年因為疫情關係，世界各國大開資金水龍頭，導致資金四溢到新興國家，即便新興國家沒有大量印鈔，還是會受到影響）

9. 最近政府稅收還不錯，但從債務不斷向上攀升、成熟國家人口結構惡化、我國少子化負面效應逐漸浮現等，未來政府財政走向困窘的機率極高，跑不掉的資產稅，尤其是針對不動產課徵的相關稅賦將會提高，看壞房價是勝算比較高的結果。目前有倡議調降不動產稅負，但應該是短期現象。（請搜尋〈臺南房屋稅凍漲！六都第一槍〉、〈資本稅，不動產價格崩跌的第三刀〉等文章）套句《二十一世紀資本論》的作者皮凱提所說的話，其認為資本稅符合邏輯，在所得停滯不前，但是大筆私有財產增加，政府不好好把握這麼誘人的財源，一定是眼睛瞎了。

看準資金潮的走向

各國忙著印鈔票

2011年歐債危機的時候，看到德國發行公債，負的利率都一堆人搶著要認購，顯見資金缺乏流動的出口，只要有穩定不會大賠的標的就趕緊搶進，當時讓我印象深刻。

各國都在印鈔票，美國量化寬鬆已經邁入QE4，日本則是拼了命在印，一定要印到從通縮變成通膨2%之目標，日幣與美元的兌換從大約75元一路跌到125元之間徘徊。

2020～2021年由於Covid-19疫情的關係，世界主要國家更是狂印鈔票、降息，導致房地產、股市價格快速暴漲，隨著通膨過高，各國又不得不考慮升息，2022年開始升息後，資金逐步退場，也會對於房地產、股市價格有所抑制。

風雨飄搖的小船

這些各國印製的鈔票有如海嘯一樣，前央行總裁彭淮南曾表示：「我們就像一艘小漁船，當航空母艦開過去時，要保持距離，並竭盡所能地把這艘船穩下來。」所以之前臺幣曾經多次站上29元，甚至於升值到28元，這些資金浪潮進了國內，可能會往股市，也可能停泊炒匯，當然也可能買房地產。

我國一樣也有印鈔票來控制匯率，所以外匯存底非常高，外匯存底高所表彰的意義，除了代表新臺幣升值的壓力外，也代表中央銀行利用印鈔票控制匯率導致新臺幣不正常氾濫的結果，當然這些氾濫的新臺幣就可能成為炒作房地產的動力。

前進海外投資房地產

最近很多國內企業、媒體打著廣告要去東南亞、日本炒作房地產，都是看準資金流動的趨勢。例如日本匯率貶值，現在持有的臺幣轉換成日幣可以變得更多，因為有許多人要搶進日本購買房地產，只是隨著日幣大幅度地貶值，現在要買日本好的房地產恐怕得抽籤了，並不是有錢就買得到。

況且，對於一般小老百姓而言，除了委託代管之外，也不可能搭飛機到日本收租、管理，加上交通費實在是太不划算了。假設買了日本房地產，該如何賣呢？會不會被仲介坑，對於非以國際房地產投資為專業者，還是不要碰這一塊陌生的領域為佳。

租不如買？

利率低的時候，是買房子的最好時機？

只參考單一因素就要做出買房子的決定，只能說有女人買包包的衝動，男人買車子的傻勁。因為如果這麼簡單，每個人早就成為經濟學諾貝爾獎的得主了。

變化莫測的經濟因素，恐怕不是單一因素就可以參透。一般來說，經濟狀況不好的時候，通常會以降低利率，讓市場資金更為活絡，所以利率很低的時候，房價也就會很高，因為很多資金都流入了房市。

當很多資金都搶進了房市、房子拼命蓋，本來應該是租房子的小市民，都衝進房市變成自己擁有，在房子還沒有漲到一定程度賣掉賺差價之前，先出租出去，賺取一些租金收入來貼補利息，倒也不失為一種好的選擇。只是很高比例的租屋客，在租不如買的催眠下買了房子，自然租房的需求也就減少，很容易形成出租廣告滿天飛，房子卻租不出去的窘境。

筆者建議房價在高檔時，可以先用租的，畢竟租金也通常不會太高，而且需求面並沒有增加。等到房價逐漸下滑，變成買方市場時，再慢慢地挑好的房子，或許利率會上升，但是相對於房價下跌導致的損失，多繳一些利息錢，還是划算許多。

等待是一種美德

假設你想要買30坪的房子，每坪房價50萬元，總價1,500萬元。相較於過去20萬一坪的房價，覺得實在是太貴了。假設經過研判，未來房價有可能因為特殊事件或大波段行情回檔，在5年內走跌到每坪30萬元，如果先租房子是否會比較划算呢？

➡ **不買房、先租房省下來的錢：**

1. 房價：（50萬／坪 － 30萬／坪）×30坪＝600萬元
2. 貸款利息：若以1,200萬元貸款，2%利息計算，每年24萬元、5年120萬元。
3. 頭期款300萬定存的錢：若以定存1%計算，每年3萬元、5年15萬元。

合計735萬元。

➡ **買房多出來的錢：**

每間每月3萬元×60（月）＝180萬元

如果預期2年後房價下跌，先租後買是一個不錯的選擇。
（以上僅為概算，相關數字可依據不同判斷自行調整計算）

不是投資客的料，就別當投資客

買房子的目的不是投資

　　現代人在投資房地產廣告的薰陶中，忘記了買房子是要自己住，而不是要投資賺錢。其實投資賺錢的概念，一定源自於想要賣房子的人，所以也就是建商、仲介透過各種管道潛移默化地替小市民洗腦。

　　記得那種形容買房子會賺錢的廣告，真意是說「建商保證賺、投資客賺到爽，小市民賺到一場夢」。

　　這個時代在置入性行銷的不斷殘害中，導致腦袋清楚的小市民所剩不多，大家一股腦兒地只想要在吹起的極大幻夢泡沫中賺錢。筆者認為不斷地炒作房地產，只會苦了下一代，苦了本來就沒什麼錢置產的窮苦人家，所以一定要寫本不動產的書，希望能調整一下到處充斥的錯誤投資觀念。

投資客與你想的不一樣

　　小市民有1,000萬元會買一間房子；投資客不會用1,000萬元買一間房子，會拆成五筆頭期款200萬，買了五間1,000萬的房子。等到每間房子賺了25%，就賣掉其中四間，每間賺了250萬元，可以說沒有花半毛錢，或者是說花了很低的成本（貸款利息及其他交屋成本）賺了一間房子，擺在那邊收租就夠了。

　　如果漲幅沒有很高，先把房子整理一下出租，然後利用收租的錢來繳納利息，也可以撐過一段時間，而且帶租約賣的房子，房價也會比較好，再加上許多黑心投資客的買屋策略，要賣出去的機會比一般小市民高多了。上述賺錢的成功模式，也是大家耳熟能詳的說辭。

小市民與投資客買房策略的差異

	購屋之初	2年後
小市民	小市民的買房策略 成本：1,000萬元 買一間1,000萬元的房子	增值為1,250萬元的一間房子
投資客	投資客的買房策略 成本：1,000萬元 買五間1,000萬元的房子 （200頭期款＋800貸款） ×5＝5,000萬元資產 負債4,000萬元	1,250萬元的房子，每間賺了250萬元，賣掉四間，賺得金額如下： 250萬元×4 ＝1,000萬元 相當於沒出錢就可以多了一間房子

如果賠錢……

　　買房子也可能賠錢，只是賠錢的事情有夠丟臉，沒人會喜歡說，想想看如果每間賠20%，也就是每間賠200萬元，五間賠了1,000萬元；手上還是五間房子，只是資金1,000萬元變成0元，投資報酬率－100%。所以，筆者還是認為小市民買房子就是要自己住，一間好的房子固然也要考量到許多未來脫手的因素，但不是絕對唯一的考量，也不是最重要的項目，自己住得舒服才是最重要的，投資賺錢只是運氣與附帶結果。

第二篇

你適合哪一類型的房屋

本篇主要是針對各種特殊的角度來分享這些房屋的優缺點，例如預售屋、新成屋、中古屋的差異，另外也針對地上權、頂樓加蓋、法拍屋、凶宅、工業住宅、山區住宅、夾層屋、鋼骨建築、西曬房子、大規模造鎮、學生型套房、溫泉宅、養生村等各種類型的房子進行介紹。

在此先下一個筆者的結論：
- 頂樓加蓋、夾層屋、工業住宅：有法律上的風險，不買。
- 凶宅：不敢住，不買。
- 法拍屋：不懂，不介入。
- 西曬的房子：太熱，原則上不買。
- 溫泉宅：房屋管線容易壞掉，不買。
- 山區住宅：土石流、走山風險高，不買。

不過這些只是筆者個人的見解，影響這些結論的因素還很多，可以透過下列文章的判斷，做出適合各位讀者的最佳決策，千萬不要只看這些結論，就一定把這些房子打進冷宮喔！

本篇大綱

預售屋、新成屋、中古屋

預售屋的資金壓力小

預售屋的一項優點，是不必一下子拿太多的資金，一般買房子要準備30%的頭期款，其餘70%均貸款，但以一戶800萬的房子來算：

$$800（萬）\times 30\% = 240（萬）$$

光頭期款就要240萬，對於許多第一次買房子的購屋者來說，壓力實在不輕，所以預售屋才會有市場。預售屋的付款方式類似於「分期付款」的概念，將原本必須一次付清的頭期款，可以分在房屋興建的2年內付款完畢即可，壓力相對而言也少了許多。

尤其是手頭資金不夠充裕的購屋者，預售屋確實是不錯的選擇。只是預售屋「殺價彈性」比較沒有讓人驚奇的結果，通常都是一成到三成左右，不像是中古屋或新成屋，有可能因為屋主資金需求的急迫性，讓價格降價的幅度超過定價的三成，這也是購買預售屋要考慮的部分。

不過，如果看好房價的未來性，手頭資金又不多，預售屋當然是首選了。只是房價沒有永遠的未來性，一定是漲漲跌跌的，通常會有規律的市場週期，如果在下跌趨勢中的起跌點買了預售屋，買在高點的機會當然是比較高囉！

預售屋、新成屋、中古屋比較

預售屋		優點： 可拉長籌措資金的準備。 缺點： 無法預知房屋最後的樣子。
新成屋		優點： 全新、價格彈性較大。 缺點： 無法於興建過程中監工。
中古屋		優點： 價格彈性較低。 缺點： 無法於興建過程中監工、屋齡久遠問題較多。

預售屋看不到興建成果

預售屋最大的缺點就是看不到實際蓋好的結果，只看到廣告虛擬的美麗外觀，可是蓋好的成品可能讓人相當失望。常看到很多住宅外觀會有特殊的顏色、特殊造型的外牆，以筆者審美的角度觀察，實在是醜斃了。可是當初預售屋的廣告，一定是美到可以吸引你掏錢買房子，只是可能實際上的色調，甚至於偷工減料的結果，呈現出來的房子就有相當程度的落差。

依照自己的想法來改變格局

預售還有一項優勢，就是可以依照自己的想法來改變格局，因為房子還沒有蓋，所以可以改變室內的隔間，不像成屋要大費周章修改重建隔間牆，也比較環保。為什麼說比較環保呢？因為在建商蓋好之後又要把一些牆壁打掉，實在是非常浪費資源。

新成屋與中古屋：殺價空間大

如果是中古屋，價格一定會比較便宜或比較有彈性，依據實際的屋況，可能會低個一到四成不等。或許讀者會問很多中古屋並沒有跌價，反而不斷上漲？這並不是說中古屋的價值會升高，而是因為地段或像是都市更新的特定題材，支撐或拉高了中古屋的價值，並不能因此就說中古屋不會跌價。

　　筆者比較喜歡看新成屋，新成屋也算是中古屋的一種，只是比較新，剛蓋好，管線也還正常，通常還沒有人住，也可以看實際的屋況。雖然沒辦法在興建過程中實際監工，但還是有許多方式可以補足無法監工可能造成的結構性風險，而且價格上也比較有彈性。

管線、防漏更換成本高

　　如果購買的中古屋屋齡比較老舊，就必須要多準備一筆管線更換、防水的預算。因為舊房子的管線如果不更新，可能會導致電線走火的高度風險，更可能因此成立公共危險罪；而漏水、壁癌都是讓人困擾的問題，而且通常牆壁一漆，短時間要發現問題都很困難，所以這些預算都是要預先規劃。

相關法令

【電線走火與公共危險罪】

　　連上司法院「法學資料檢索系統」搜尋「電線走火」的關鍵字，會發現這類型失火的案件很多，多以公共危險罪起訴，相關法令如下：

刑法第173條第2項
　　失火燒燬現供人使用之住宅或現有人所在之建築物、礦坑、火車、電車或其他供水、陸、空公眾運輸之舟、車、航空機者，處1年以下有期徒刑、拘役或1萬5千元以下罰金。

刑法第175條第3項
　　失火燒燬前二條以外之物，致生公共危險者，處拘役或9,000元以下罰金。

地上權房屋：無法終身擁有

地上權房屋是什麼？

最近突然很流行地上權，也許是因為扁政府時代被罵賤賣國土，所以到了馬英九時代，國土不再賣給建商，只設定地上權給建商，例如忠孝東路上的SOGO百貨公司、臺北客運轉運站的「京站」都是屬於地上權的代表作，當50、100年不等的地上權時間經過後，權利什麼都沒有，一切又歸還給原土地所有權人。

臺北市某結合百貨公司的建案，建設公司擁有地上權，向其<u>購買房子的客戶擁有的其實只有「使用權」</u>，據網路相關資訊，推出時的價格約28萬／坪，隨著整體房市價格的推升，現在的成交價大約是45萬／坪（地上權40年），相較於附近所有權房屋價格大約是60萬元，大約是接近八成的價格。

投資報酬好嗎？

便宜了些，你要買嗎？這可能就要好好地盤算了，依據建商的廣告當然從租金的投資報酬率來看：

廣告宣稱之投資報酬率
地上權15坪的房子 ≒ 700萬元 　2萬（每月租金）×12（月）／ 700萬元＝3.43%
所有權15坪的房子＝900萬元 　2萬（每月租金）×12（月）／ 900萬元＝2.67%

看起來好像是買地上權房子的租金投資報酬率較高。但是我們如果加上長期房價變動的影響，真正的投資報酬率又不一樣了。

試算投資了20年之後

單位：元

	地上權房屋	所有權房屋
購屋金額	700萬	900萬
租金收入	480萬	480萬
20年後房屋價值	350萬	720萬（可能更高）
投資獲利與報酬率	130萬（18.57%）	300萬（33.33%）

　　地上權的房子只剩下一半的價格，也就是350萬元，加上20年收取的租金480萬元，總共是830萬元，比當初投資的金額還高出130萬元，20年投資報酬率是18.57%；所有權的房子可能還有全部的價格，當然也可能下跌，如跌個兩成，也就是720萬元，加上20年收取的租金480萬元，總共是1,200萬元，比當初投資的金額還高出300萬元，20年投資報酬率是33.33%。

　　這樣看起來又變成所有權房屋投資報酬率較高了。

　　18.57%及33.33%的投資報酬率好像差很多，主要是因為地上權的房子很像是汽車，折舊的速度很快，40年後就會變成0，但是所有權的房子卻有可能升值。

（以上計算方式變數甚多，僅供參考）

只有地上權，還有年限，感覺不太踏實…

再來推算40年（地上權是40年）以後的結果

單位：元

	地上權房屋	所有權房屋
購屋金額	700萬	900萬
租金收入	960萬	960萬
40年後房屋價值	0萬	630萬（可能更高）
投資獲利與報酬率	260萬（37.14%）	690萬（76.67%）

　　40年後地上權的房子只剩下0元，加上40年收取的租金960萬元，總共是960萬元，比當初投資的金額賺了260萬元，40年投資報酬率是37.14%。所有權的房子可能還有全部的價格，但是當然也可能跌價，以跌價三成計算，也就是630萬元，加上40年收取的租金960萬元，總共是1,590萬元，比當初投資的金額賺了690萬元，40年投資報酬率是76.67%。

　　地上權房屋的正確投資觀念，只能將地上權房屋當作類似於汽車出租的投資標的，或者是二房東轉租的概念，而不應該與其他所有權房屋相比較。否則，人比人會氣死人。

還有其他變數嗎？

如果出租情況不佳，地上權的房屋也會賠得比較多。

所以，購買地上權房屋的投資報酬率會比較低，除非購入的金額較低，否則投資效益較差。另外地上權房屋雖然不必繳交地價稅，但是仍有<u>地租</u>，而且通常為了讓地上權更能被投資者所接受，會比較有賣相，當然管理費也比較高。

以臺北火車站後方的京×建案為例，仲介、代銷公司、網路上一大堆都是要出脫的房子，目前市場行情一定不太好，再加上過個5～10年，又少了幾年的時間可以住了，心理上一定會跌價。

這就好比是買輛車子，里程數愈高、車子年齡愈老舊，還會想要用原價來購買嗎？

所以，如前一頁所述，如果要買這類型的房子，記得把自己當作汽車出租的投資人來經營，而且還要確保有人會在同一建案的一堆同類型套房中看上你的房子來承租，這樣子才有投資報酬，以這個角度去算報酬率才有意義喔！

頂樓加蓋：拆與不拆

多一點空間，多一點風險

　　頂樓加蓋，是很多人喜歡的置產標的；多一層自住，使用空間大上甚多。但是很多人可能不知道，一般公寓的頂樓是不能亂加蓋的，即便加蓋也只能在很小限度的範圍內為之，這跟一樓住戶以為騎樓就是他家的一樣，都犯了嚴重的錯誤。只是過去大多鄰居訴求和睦相處，當然就不希望因為加蓋問題鬧得不愉快。

　　不過時代改變了，鄰居之間愈來愈堅持自己的主張、保護自己的權利。筆者有一位同事在整修房子，可能整修期間過長引發鄰居不滿，鄰居也暗示要檢舉其頂樓違建，讓其不勝困擾。筆者向來不建議買傳統公寓的頂樓，因為太多違建的問題，也許85%不會有人向你爭取權利，但遇到了，那可就頭痛了。

民事與刑事責任

　　當初購買時，或許你就有將這頂樓加蓋可能會被拆除的疑問丟出，但是有的仲介人員或者是賣屋者可能含糊帶過，或者是只針對是否即報即拆來簡單說明，強調這只是行政方面的責任，卻故意不提民事與刑事的法律責任。或許不是故意不說，而是因為這些仲介人員的專業性也不夠，所以根本也搞不清楚。

　　簡單來說，因為頂樓的部分是屬於法定公共空間，是大家共有的，任何一位共有人，例如公寓的其他樓層住戶，都可以向法院依據民法或公寓大廈管理條例之規定，提出拆除頂樓加蓋的部分，甚至於可能還有刑法竊佔罪的責任，其相關法令如右頁。

頂樓加蓋的法律風險
- 行政法上被拆除的風險
- 民法上的物上請求權
- 刑法上的竊佔罪

【民事侵占與刑事竊佔】

民法第767條規定

Ⅰ所有人對於無權占有或侵奪其所有物者，得請求返還之。對於妨害其所有權者，得請求除去之。有妨害其所有權之虞者，得請求防止之。Ⅱ前項規定，於所有權以外之物權，準用之。

刑法第320條第2項規定

意圖為自己或第三人不法之利益，而竊佔他人之不動產者，依前項之規定處斷。

【過失致死罪】

刑法第276條規定

因過失致人於死者，處5年以下有期徒刑、拘役或50萬元以下罰金。

擋住了逃生之路，罪加一等

許多購買頂樓加蓋者，還把逃生之路封死，也就是往頂樓的樓梯通道加裝了鐵門，或者是頂樓鐵門加上了大鎖鎖死，防止其他樓層的人進去。平常也許很少人會到頂樓，但是當真正發生火災卻逃生無門時，這些加裝鐵門與鎖的頂樓住戶，就要負擔一定的公共危險罪或過失致死罪，還有民事上的損害賠償責任。其他樓層的住戶為了自身的安全，要嚴正要求這種不顧他人死活的住戶，一定要將鐵門或大鎖拆除。

利益衡量，好好考慮吧！

頂樓加蓋買或不買，有沒有拆除風險，相信會在心中夾雜著猶豫與冒險。簡單來說，先聽聽自己心中的聲音，為什麼要買頂樓加蓋？

為了價錢比較便宜？出租收入考量？還是使用空間考量？

若一定是那種非頂樓加蓋不買的個性，那就買，畢竟買屋是要靠衝動與氣魄的！買了之後，與鄰居打好關係很重要，否則一個關係打個不穩，花錢買房還要被拆，那眼淚真的只能往胃裡吞了。

相關法令

【專有部分與共有部分之使用】

民法第 799 條第 3 項規定

專有部分得經其所有人之同意，依規約之約定供區分所有建築物之所有人共同使用；共有部分除法律另有規定外，得經規約之約定供區分所有建築物之特定所有人使用。

破壞屋頂美景的頂樓加蓋

頂樓加蓋是我國都市發展的一大瓶頸，此一問題沒有解決，都市美景與更新的目標就難以達成。但政府不敢挑戰個人的私利，使得頂樓加蓋的問題依舊惡化，只要爬到高樓層往下看，即使遠眺山河美景，近觀盡是頂樓加蓋。不僅如此，頂樓加蓋甚至於對於整棟社區的公共安全產生極大的危害，希望有一天能解決此一問題。

約定專用平台

看房子的時候有沒有看過一些房子，在房子外側有一個客廳大小的露臺，銷售人員表示這一塊空間每坪只要二分之一價格，如果買了Ａ屋就可以專門享用這一塊空間。

看著這一塊只要半價的空間，而且通常都蠻大的，兩三個帳篷空間大，幻想著以後可以在這邊「星空露營」、「小孩遊戲空間」等規劃，反正其他住戶無法到達的空間，只有Ａ屋可以進入，這時候你會選擇買Ａ屋，並以二分之一的價格買下這一塊空間嗎？

這一塊空間屬於「約定專用」，也就是屬於整個社區所有，但因為屬性特殊，建商賣給你時，有簽約專供你個人使用，如果有一些維修需要而必須進入，也不能拒絕之；很多人買了之後發現也不是那麼好用，主要是常常有從高樓住戶丟下來的垃圾，還要幫忙打掃，反而很困擾，我個人是不太喜歡這種沒有完整權利的空間。

法拍屋：高手的羅馬競技場

先來看一則小市民購買法拍屋的特殊經驗⋯⋯

作者：Tracy

法拍屋的資訊

對我來說，第一次的買屋經驗既緊張又刺激，因為我買的是⋯⋯法拍屋。來談談這一段特殊的經驗吧！ 98年我和妹妹二人在住家附近找屋，因購屋的預算有限，以我們的能力能買得起的，也就只有中古屋老公寓了。但是到處看都沒有找到令人滿意的屋況，不然就是價格太高，交通不方便。

偶然間，得知有所謂的「法拍屋」訊息，而且還是經由路邊的電線桿上的黃色廣告紙，再詢問透過仲介來買法拍屋的話，仲介費價款約略要價14萬。因為預算有限，我決定自力更生，以初生之犢不畏虎的心態，自己找要如何買法拍屋的資料。

投標初體驗

首先，先相中一間離住家很近的中古公寓，價位在自己的預算內，然後依照在網路上的投標日期至法院參與這間房子的第三拍投標。到了投標室裡，人滿為患，當然物件有很多。因為從來就沒去過法院，而第一次進法院就是買法拍屋，現在回想起來也真夠大膽。糊裡糊塗地把投標價金寫在投標單後，就等著看有沒有得標！

結果那間房子竟然只有我一個人下標，可能是第三標的原因，一直流標，應該有我所不知道的事情，但無論如何，既然只有我一個人投標，應該就是我可以買到了吧!?心情正有著慶賀的準備，沒想到還是宣布流標了。這時候感覺內心受到了雲霄飛車般的衝擊，我和妹妹愣在當場，為什麼不是我得標？我不懂？

後來旁邊的助理小姐說，因為保證金低於最低投標保證金額才流標。當時我馬上據以力爭表示：「網路上看到的就是這個價位啊！」經過這位小姐解釋，才得知網路上的金額只是參考之用，一切以公告價格為主。

大師指點的應買公告

這時候我倆只好沮喪地走出投標室，也許是上天看我可憐，有位好心的帥哥走過來，笑著對我們說：怎麼會寫錯呢？我們又把故事講一遍。也許是他看我們真的很想買房子，所以教了我們一招，他說：「沒關係，還有救。」我們二人眼睛頓時一亮。因為這間房子是第三拍，所以後面還有所謂的應買公告可以購買。

除此之外，還教我們要到地政單位先申請第二類謄本及地籍圖，這些都是事前沒有做的功課，所以只知道房子大概坐落於什麼地方，實際有多大、有無債權，完全不知道。幸好遇到了這位善心人士，整個程序上才順利許多。

相關網站

透明房訊──全省法拍屋資訊中心

網址 http://www.tom.com.tw

請走屋主的挑戰

順利地完成應買程序後，真正的挑戰才開始，因為屋主在裡面。這位屋主也是有不得已的苦衷，罹患癌症，看到我們的時候情緒相當激動，還好還算是一位理智的人，經過幾次拜訪後，終於對我們的敵意降低，但是要求要延後搬遷。

時間，是買法拍屋最難熬的一段，從投標到應買、再到應交屋，中間幸好又有法官幫忙協商，但總共也耗掉了半年的時間，心臟不夠強的人真的不要來買法拍屋。

再加上有人一直慫恿她向我索取搬遷費，當時忍耐已經到了極限了，斷然地告訴她：「很抱歉，又是延期搬遷，又是索取搬遷費，一切以書記官的協議書為準。」旁邊幫腔慫恿者才作罷。

漏水不斷的法拍屋

交屋後的另一項挑戰是房子漏水。

第一次買房子的我，更不用說漏水怎麼解決，一切就和初始一樣，只能從頭學。先抓漏，再做輕裝修，結果今年夏天房子還是漏水。原先的抓漏點並沒有問題，問題出在隔壁的牆面。

無論如何，一切都過去了，問題也都順利解決。買法拍屋除了物件的好壞，在眾多高手下還沒賣掉的三拍屋，真的要很小心，奉勸還是多做一些功課再上場，否則要像我能夠順利地度過這麼多難關，真的是幸運的成分比較大。

【本書評論】

投資法拍屋，如果買到低價又好的標的，當然是非常好賺。早期大多數的法拍屋都賺到口袋爆滿，可是當投入的人眾多之後，恐怕買到的價格與市價差異不大，因此曾經有一段時間有所謂的法拍蟑螂，大家一起集體搓圓仔湯，這一次你賺、下一次他賺、再下一次換我來賺。

近來，已經不太有圓仔湯可以搓，取而代之的是代標公司，賺取類似於仲介的手續費，只是代標公司會不會只為了賺取自己的佣金，隨便就以高價得標？佣金賺到了，購屋者也買到了超貴的房子，這也是風險所在。

Tracy所寫有關購買法拍的事件，在搞不清楚狀況的前提下還能順利買到理想中的房子，算是相當幸運的。曾經有某位朋友的祖產被拍賣，得標的人根本沒去現場看，被拍賣祖產的朋友也很詫異，因為那塊地是祖墳，可是拍賣公告上卻沒有寫清楚，一堆迷糊蛋就在這些錯誤中慌了手腳，好險買方也不想買別人的祖墳，就由我朋友湊錢原價買回了。

總之，法拍屋的風險相當高。即便是口袋很深的大戶還是會遇到各種問題，例如帝寶法拍屋的得標者劉媽媽，據傳就曾因黑道恐嚇而棄標。因此，筆者在此還是建議，要買法拍屋一定要非常熟悉相關規定，如民事訴訟法、強制執行法、拍賣實務等，以避免投入了資金卻像是跌入流沙中而無法脫身。

法拍屋、金拍屋、銀拍屋

法拍屋，是指債務人因欠債無法償還，而遭債權人依據強制執行法之法律程序查封不動產進行拍賣，以拍賣所得償還債權的一種拍賣制度。

金拍屋，可能一般民眾比較少聽過，是由臺灣金融資產服務股份有限公司辦理法院委託相關不動產拍賣事宜，該公司是依據金融機構合併法第11條及財政部公布之「公正第三人認可及其公開拍賣程序辦法」之規定，擔任公正第三人，並以獨立、客觀及公正之經營理念提供各項服務，可以直接連到該公司網站查詢各種拍賣資訊。

銀拍屋，是由銀行聲請強制執行拍賣之抵押不動產，因為沒有人應買，則由銀行自成承受後，自行決定處分，可以到「內政部不動產資訊平台」（http://pip.moi.gov.tw/）的「待拍/標售/拍賣」（可從網站導覽查詢到），就可以找到各個銀行有關銀拍屋的相關資訊。

基本上，法拍屋的交易都不適合剛買房子的新手介入，因為裡面的陷阱太多了，不過就是因為門檻較高，如果研究透澈，倒是很有機會可以獲利，右頁將三種類型的不動產拍賣做個比較表。

法拍屋、金拍屋、銀拍屋比較表

	法拍屋	金拍屋	銀拍屋
拍賣機構	地方法院	臺灣金融資產服務股份有限公司	銀行
拍賣方式	投標	投標	喊價
投標底價訂定標準	參酌鑑定公司之估價報告書後訂定	由臺灣金融資產服務股份有限公司評價處知估價師訂定	各銀行自行依據市場價格訂定
投標保證金	一般是投標底價的20%	一般是投標底價的20%	各銀行自行規定
法令依據	強制執行法	強制執行法 金融機購合併法	一般不動產交易法令
拍賣資訊來源	法院網站及其公布欄、日報	法院網站及其公布欄、臺灣金服網站及其拍賣場公布欄、日報	銀行網站
購屋資金	得標7日內要補足屋款 貸款壓力重	得標7日內補足屋款，但可事前先向銀行辦理貸款服務 貸款壓力較輕	拍賣銀行通常會提供貸款服務 貸款壓力較輕
點交	在公告資訊上載明，由法院配合點交或不點交	在公告資訊上載明，由法院配合點交或不點交	因為所有權是銀行，所以可以配合點交

凶宅：半夜你敢睡覺嗎？

買房子最怕買到凶宅，也許有人嘴巴上說不在意，可是卻不敢住進去。由於凶宅不好脫手，所以賣方通常會隱匿這方面的資訊，在資訊不夠透明的情況下，買房子就要特別小心。

該怎麼避免買到凶宅呢？

常看到的建議就是查查網路、新聞媒體，看有沒有相關凶宅的報導，或是去派出所打聽看看、問一下街坊鄰居有沒有聽過自殺的消息，要不然就是透過仲介買屋，仲介通常會代為查詢相關事宜。

可是問題來了，報章雜誌上買到凶宅的案子，通常都是透過仲介購買，結果出了問題仲介往往兩手一攤，表示已經善盡調查之義務，查不到就是查不到，不是他的責任，恐怕只能向屋主求償。

仲介怎麼查？如果不是當地資深的仲介，而是一個菜鳥或剛調過來、對本地不熟的「外地資深仲介」，大概也就是問問屋主是不是凶宅，請屋主勾選一下調查表，這就是仲介的「專業」。既然仲介這麼「專業」都未必能發現房屋是凶宅，自己如果沒辦法發現，也不必過於自責，但還是可以多做一些準備，否則真的買到了凶宅，要花很多的時間來打官司，還不見得能打贏，那可真的是痛苦的開始。

多打聽周邊環境的資訊

如果有聽到社區住戶枉死的消息，結果親人很低調地把後事處理後，很擔心訊息外漏影響房價；畢竟大家買了房子都想要住個心安，不想要睡到一半發生靈異現象，或者是「好像」聽到奇怪的聲音。

這時可以到社區附近的老咖啡店點杯咖啡，多光顧幾次之後，可以在閒聊過程之中不經意地問一下老闆這附近房價如何，然後順帶地問到這棟房子有沒有出過事情……

先問房價，再問有沒有發生事故的詢問方式，這樣可以避免鄰居因為怕房價下跌而不願意誠實回答的結果，否則明明買房子前問過鄰居，鄰居也回答說沒印象發生過事情，等到你交屋住了進來，鄰居才淡淡地想起來說：「親愛的鄰居，你家曾經有承租女子穿紅衣服上吊自殺……」這時候你只有傻眼的份了，不然就是準備打官司請求減價或解約退款了。

加註凶宅條款

當然探討凶宅的問題，大概就是討論法律上該怎麼主張。一般情況，當事人通常都是希望能夠撤銷或解除契約，所以最好是在買賣契約書中加註「凶宅條款」，賣方應保證買賣標的非屬凶宅，若屬凶宅的情況，買方得解除契約，賣方應返還價金及自契約成立時起之利息，甚至於可以要求契約中加註「懲罰性損害賠償」。舉例來說，如果發現是凶宅，賣方應該賠償買方100萬元。

還可以與仲介簽的契約中，規定仲介提出該房子之內容與實際不符時，即應償還仲介費，若賣方不願意解除契約，應賠償買方之損失，若法院做出減價之結果，對於減少價金之部分，仲介都必須負擔「連帶責任」。

　　上述是透過契約條文來保障自己，但是，大多數的情況是契約沒有訂清楚，賣方也不願意解除契約，雙方鬧上了法院，有時候法院認為依據瑕疵擔保責任，買方得主張解除契約。（民法第359條本文）但是有些法院則認為房子解除契約，顯失公平，僅願意讓買方「減少價金」，而不願意准許解除契約。（民法第359條但書）

　　至於怎麼減少價金呢？

　　法院通常會依據相關機構之鑑定，判斷凶宅應有的市場價值與實際成交價值之差額，判決賣方應償還該差額。

	正常同等級之房屋價值	800萬元
－	凶宅之房屋價值	600萬元
	差價	200萬元

相關法令

民法第359條規定

　　買賣因物有瑕疵，而出賣人依前五條之規定，應負擔保之責者，買受人得解除其契約或請求減少其價金。但依情形，解除契約顯失公平者，買受人僅得請求減少價金。

凶宅如何認定？

以過去法院判決的結果，大概可以整理出下列規則：

1	自然死亡的	不算是凶宅。
2	他殺、自殺等非自然死亡的因素	算是凶宅。
3	如果往窗外跳樓自殺	因為跳樓的過程並沒有在屋內，而是通過住戶圍牆外，頂多算是窗外，然後與一樓地面接觸，所以法院大多認定並非凶宅。
4	在社區內樓下打打殺殺而死亡的情況	當然與房屋內無關，也難以認定為凶宅。

工業住宅：主臥室 or 董事長辦公室？

住宅，還是事務所？

信義區的房屋很貴，但是如果一上信義快速道路，5分鐘就到了某建案，每坪只要20幾萬，這樣子的價格確實讓很多人心動。但如果這是工業住宅，你會買嗎？

筆者有去看過一個位於深坑蠻知名的建案，乙種工業區，申請用途是一般事務所，還與旗下的飯店相結合，雖然建案的旁邊就是滿山的墳墓，但也透過飯店來提升整體的質感，算是行銷上非常成功的手段。

當時基於好奇的心理也跑去看了一下那個建案，可能是為了避免主管機關的調查，所以這個建案倒是有明確的告示，讓每位來看房子的客戶都明確知道這是工業住宅。

一踏進樣品屋，感覺很特別，因為陽台與客廳之間只有「一框」相隔，卻沒有一般住宅的紗窗、玻璃門的設計，問了一下代銷小姐，原來這是一般事務所，設計當然不能跟住宅一樣有陽台的規劃；走進房間，不是一般的主臥室、書房，而變成了一張張的辦公桌，桌子上面分別擺放著董事長室、總經理室的牌子，可是卻在房間中隱約感受到臥室的舒適感。

看來，主管機關應該是剛剛來查核過，或者他們根本就是擔心來客隱藏著主管機關派來調查的人員，如果搞得太像住宅，應該就會被處罰，但沒有住宅的舒適感，又怕會影響銷售情況！

徹底瞭解差異性

工業區住宅還是要問仔細，除了價格比較低之外，是否與一般房屋有所不同，例如貸款成數、稅金、電梯大小、電費、水費、挑高，有無變壓器，還有<u>既然稱之為工業住宅，附近是不是很多工廠，會不會有嚴重的污染？這些都是購買工業區房屋所要考量的重點。所以，不要因為比較便宜就一頭栽下去，還是要進行實質的比較喔！</u>

相關法令

> **土地稅法第10條第2項前段規定**
> 本法所稱工業用地，指依法核定之工業區土地及政府核准工業或工廠使用之土地。

小豪宅變商辦

詹姓小資女花1,200萬餘元購買主打「小豪宅」、「捷運兩房」的《遠雄首品》1戶，交屋後才知道是商辦，法院認定不能為合法住宅使用，判決原告勝訴，可以解約返還價金。（2020/4/23 蘋果日報）

休閒山莊：平民的山區豪宅

一下交流道，絕對到不了

　　筆者有一陣子想要退休，當然就想要買間別墅來養老，可是陽明山的別墅價格是可望不可及，只好找桃園郊區看看。開車時聽著廣播節目，廣告中描述著××山莊的介紹，而且強調「一下交流道就到」，很衝動的筆者也就把車頭一轉，開上了交流道。

　　對於這種「一下交流道就到」的廣告台詞，倒也不必期待太多，通常都要開個5到10分鐘，超過10分鐘，大概就屬於刑法詐欺罪的行為了。果真這山莊還真的是一下交流道再過10分鐘才會到，與幻想這個建案就在交流道旁邊，有著相當大的落差。

結合渡假山莊的建案

　　這起建案緊鄰著同名的休閒山莊，代銷小姐開著很可愛的小車，感覺很像打高爾夫的果嶺車，緩慢地在別墅區的小山坡上往前行駛，介紹著沿途的山景風光，確實讓人心曠神怡，當然這也是筆者為什麼喜歡看房子的理由，各種不同的體驗總是有著讓人難以忘懷的感受。

　　說真格的，第一間房子就愛上了它，爬上了頂樓，遠眺柔和的夕陽，金色的陽光灑在身上，就好比是國文課本中美麗的場景移至眼前，代銷小姐介紹左前方就是××高爾夫球場，那邊的別墅可是一坪30萬，一樣的美景，這裡一坪只要18萬。

幾可亂真的鳥叫聲

看著××球場，幻想著自己揮桿，ㄆㄧㄤ的擊球聲音，突然還聽到很扎實的鳥叫聲，有點兒像是到了新加坡動物園，看到一隻嘴巴很大的鳥類，ㄍㄨㄚ～ㄍㄨㄚ～的聲音，聽到這種動人的鳥叫音，覺得這真是人間桃花源般，退休買這兒就對了。

爬下了樓梯，心中還在盤算著該怎麼談價格，愉悅的心情讓腳步更形輕鬆，不知不覺就來到了一樓，而那鳥叫聲音卻更形接近，如同就在耳旁。這……鳥叫聲怎麼那麼清楚，一抬頭看，怎麼是從擴音器播放出來的鳥叫聲。

天啊！原來從雲端掉下來的感覺是這樣子，連幸福的感覺都可以創造，只是知道這是來自擴音機之後，幸福的感覺也就被扒了一層皮，露出本來的面目。總之，看屋時的美麗景像可能是人工創造的，記得把感官張大，仔細看、仔細聞、仔細聽，才能發現美麗背後的真實。

如果渡假山莊不見了

如果這個別墅社區底下的渡假山莊無法經營，這個社區的價值還有多少？附近渡假山莊所使用與擁有的大片森林，是否會蓋成其他的別墅？或者是這個別墅社區賣太好時，森林就可以繼續開發成第二期、第三期？這一連串的疑問，絕對無法從建商的口中獲得保證，只能靠自己理智的判斷，而理智告訴我，別把下半輩子的積蓄賭在這個建案上。

山區住宅：山崩土石流的夢魘

北二高走山事件

還記得北二高走山事件嗎？沒風沒雨沒地震的日子，高速公路旁邊的山坡居然走山了，大量土石將穿越山谷間的高速公路掩埋，也掩埋了許多駕駛人破碎家庭的心。（2013年9月基隆土地公石亦墜落）

事情發生後，附近的幾個知名建案也引起了諸多討論，甚至於有的網頁討論已經突破100頁了。因為這幾個頗受矚目的建案都是很早就取得的建照，甚至有些被質疑是「老丙建」，也就是當時核發的建照對於水土保持與地質部分的要求較低，這種建案到底能不能避免山坡地的坡度風險？「林肯大郡」的慘劇是否會再度發生呢？都是令人擔憂的事情。（地質法通過並於2011年12月1日施行，或許能有所補救）

旁邊的山與地面接近垂直的建案

筆者曾經參觀過八堵附近的建案，也是依山而建，代銷人員介紹著每天面對著山林美景，真是讓人賞心悅目的事情。仔細一看靠山那一面，那座山的斜度少說也有個60度以上，甚至於視覺上是接近與地面垂直的感覺，與房子相鄰應該不到15公尺，整個高度比大樓還要高。

這時候心中突然有了恐懼感，也許一天、兩天不會怕，可是一怕就是一輩子；剛住進去的時候還有心情享受山林美景，可是哪天下大雨或發生地震，還真擔心這樣子的山壁會倒下來壓在身上。

安全性首要考量

當然筆者也問了一下代銷人員，這建案屬老丙建，又緊鄰山壁，安全性究竟如何？

代銷人員很有自信地解釋說：「這建案雖然是早期的建照，相關水土保持的要求並沒有那麼嚴格，可是建商基於安全的理由，多做了很多防護措施。」

然後代銷人員指著社區圍牆靠近山壁的地方，說：「你看那邊多打了幾根地基，每個地基都那麼粗……」

反正這位代銷人員也沒買這個建案，到底安不安全也不關她的事情，講了那麼多，到底實不實在也不清楚，多打了地基真的有用嗎？

證明文件一定要提出

建商也有拿出文件，證明不是順向坡，但是筆者看著幾行模糊的文字，只能說「好像」、「似乎」、「可能」、「疑似」真的不是順向坡，這種緊貼著山壁的建案，法律專業出身的自己覺得還真的要三思而行，千萬不要因為價格便宜而誤上了賊船啊！

當天代銷人員為了展示社區雖然蓋在山區，但是地基、結構卻相當的安全，該代銷公司還特別將公司樑柱的結構製作一個模型擺在地下室，用很驕傲的口吻說：「這個社區是可以傳很多代，如果社區願意將這個結構模型留下來，讓世世代代見證這建案的光榮建築歷史。」

實在很令人感動，但筆者相信這位代銷小姐真的沒有打算住在這裡。光榮留給傻蛋，金錢留給自己。

註：此一建案於2013年報紙仍可見巨幅廣告，因點交問題，○○建設與前任主委妨害名譽訴訟也仍在進行中。

林肯大郡後的山區住宅管制

全臺灣山坡地住宅相當多，尤其是順向坡的建築更是危險，早在1997年林肯大郡倒塌後，大臺北地區就已經列管了340處山坡住宅，其中臺北市就有135處；但受限法令，過去地質法未通過前，無法公開列管社區名稱，但現在這些社區名單即將隨著地質法的公開而攤在陽光下。

為了化解民眾疑慮，臺北市政府提供「山坡地資訊整合系統」（https://www.geomis.gov.taipei），讓民眾透過上網就能夠免費瞭解居家環境附近之地質狀況，項目包括順向坡、崩塌區、斷層破碎、土石流、河岸侵蝕、地下礦坑、煤渣堆積、人為挖填等8項。只是這樣子的資訊提供，購買山坡地房屋者還是非常擔心買到列管社區而不自知。

筆者每次經過新北市新店區的三民路，都可以看到遠方幾間在山坡地的漂亮建築物，也「聽說」某同事在那山坡地建築買了一間房子，同事承認那被列為B級，亦即持續監控的等級。所以，想要購買山區住宅，恐怕沒有經過一番打探，還是要審慎為之啊！

名詞解釋

- 順向坡：是指山坡地的傾斜方向與地層的傾斜方向一致。
- A級山坡宅，指的是山坡結構比較容易鬆動崩落，而列為A級者會通知社區管理委員會，要求限期內改善，如果無法在期限內改善，將依法勒令停止使用；B級則是持續監控；C級則為自行維護。

坡度的限制

　　依據「建築技術規則建築設計施工編」第262條第1項第1款規定：

　　「山坡地有左列各款情形之一者，不得開發建築。但穿過性之道路、通路或公共設施管溝，經適當邊坡穩定之處理者，不在此限：

一、坡度陡峭者：所開發地區之原始地形應依坵塊圖上之平均坡度之分布狀態，區劃成若干均質區。在坵塊圖上其平均坡度超過百分之三十者。但區內最高點及最低點間之坡度小於百分之十五，且區內不含顯著之獨立山頭或跨越主嶺線者，不在此限。」

　　最早的規定則是百分之五十五，現行規定明顯嚴格許多。

　　再舉一個同條項第2款規定地質結構不良、地層破碎或順向坡有滑動之虞者：

㈠順向坡傾角大於20度，且有自由端，基地面在最低潛在滑動面外側地區。圖示如下：

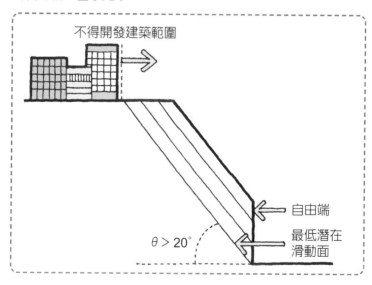

㈡自滑動面透空處起算之平面型地滑波及範圍，且無適當擋土設施者。其公式及圖式如下：

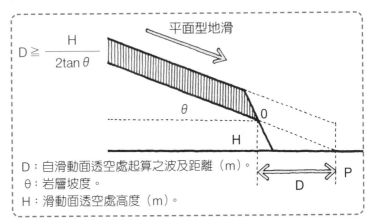

㈢在預定基礎面下，有效應力深度內，地質鑽探岩心之岩石品質指標（RQD）小於百分之二十五，且其下坡原地形坡度超過百分之五十五，坡長30公尺者，距坡緣距離等於坡長之範圍，原地形呈明顯階梯狀者，坡長自下段階地之上坡腳起算。圖示如下：

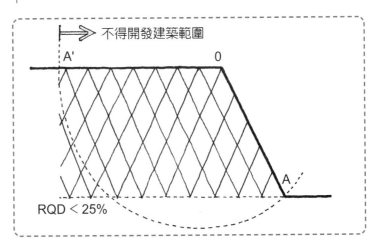

如何取得相關資訊？如何確保自身權益？

1	查詢各地方政府列管山坡地住宅社區之相關資訊	內政部表示：依本部訂頒之「各直轄市、縣（市）政府列管山坡地住宅社區資訊公開處理原則」，任何民眾欲查詢列管山坡地住宅之資料時，可藉由內政部營建署網站公布之縣市查詢電話查詢。 民眾查詢時，可先告知服務人員要查詢之住宅社區名稱，縣市政府服務人員將說明是否為列管之山坡地住宅社區，如為列管之山坡地住宅社區，其安全檢查資訊，可由服務人員提供社區管理委員會聯絡電話，供民眾直接向管委會洽詢；如需縣市政府提供書面資料，民眾可填具申請書提出申請，縣市政府應依政府資訊公開法第三章審酌提供。
2	欲購買坐落列管山坡地之住宅社區	建議請購屋者要求屋主或仲介業者洽該社區管委會提供該山坡地住宅社區之檢測資料，以保障購屋者之權益。
3	地質法通過後的影響	地質敏感區將全都露，經濟部公告順向坡、活動斷層帶，房價將會嚴重受到影響，其實不只是山坡住宅，附近有加油站、天然氣公司、電廠等，也是會嚴重影響房價。

相關網站

行政院環境保護署：http://www.epa.gov.tw/

喜歡蓋在山區的豪宅

　　新竹地區拜新竹科學園區之賜，山區跑出了許多豪宅，建商蓋的案子，景觀美、交通佳，有市場區隔性，就有那種錢從口袋滿出來的科技新貴，捧著錢當凱子跟建商買房子。或許不能用凱子來稱呼，只是許多從美國留學回來的科技新貴，還是比較嚮往山明水秀的豪宅生活，那種小格子類型的高樓大廈，總是少了那種國外生活的感覺。

　　只是山區住宅有安全性的問題，像是保全設備要做足，以避免歹徒趁著山區人煙罕至，跑來自家住宅偷竊、搶劫；此外，水電等公共服務也可能不完全，未來人口結構惡化，40年後整個臺灣少掉800萬人，許多偏遠地區的服務都會減少，長期來說如果想要住在山區，還真的要審慎思考。

聯華山莊的不幸經驗：一條很難回家的路

　　這些山區豪宅還真的不是一般小老百姓玩得起。舉個知名的案例，新竹縣寶山鄉有一個知名的「聯華山莊」，住在裡頭的都是名人望族，除了聯電榮譽副董事長外，還住著交大校長。雖然有許多名人加持，但是這個社區卻未必那麼順遂。

　　這個社區有個麻煩問題，唯一的聯外道路老是坍方，而且愈來愈誇張，居然有一次坍方的長度達到80公尺，深度有高達2公尺，最後只剩下一個車道，進出相當危險。

　　當時來看現場的土木技師講了一些話：「岩盤跟土壤的交介面，交介面一被水潤滑以後，整個就會變成滑動面。」一般人可以說是有聽沒有懂，總之這段路歷經多次風災，修修補補快十次，如果買了這樣子的豪宅，回不了家還真是慘，好險這些名人望族口袋很深，認賠殺出換個地方找個美麗的新家，問題也就解決了。

　　筆者早期當老師，曾經有在陽明山山區教小朋友的經驗，山裡的風景真的很棒，季節的變換也帶動著山色鳥叫的不同，這種山區豪宅還真的是讓人嚮往。可是山路總是有著那麼一點的風險，每到下雨天就常看到路邊有山坡滾下來的大石頭，嚴重一點就是整個山坡坍塌下來，擋住了到學校的路，又賺到了一天颱風假。對於住在平地的筆者，下雨山崩是有著不可預期休假的機會，但對於山區居民來說，卻是一種潛在性的惡夢。

　　所以，購買山區住宅應該注意聯外道路是否有兩條以上，就好比是大樓有兩個逃生梯，一個被封住了，還有另外一個逃生梯，以保證自身的安全。否則即便是豪宅，山路遇雨中斷，與南投地區原住民部落老是道路中斷，甚至於需要直升機載運救援物資，兩者又有什麼不同呢？

夾層屋

我不會買主打夾層屋的建案，原因有二，第一違法，第二不安全，且讓我娓娓道來……

美麗的廣告掩飾違法的事實

每次看到那種小而美的夾層屋，窩在夾層裡面，有著一種特殊的私密感，都有一股衝動想要去買一間成為主人。可是很多建商卻沒有說清楚、講明白，有些比較狠心的，口頭上就欺騙一些購屋的菜鳥，什麼「魔術空間」、「1坪變2坪」讓這些買家誤以為買20坪可以有30多坪的實際空間，卻不說清楚這是違法的，而且會即報即拆。

但也有些買家明明知道是違法的，卻不管你政府要怎麼抓，反正到處都是夾層屋，房門關著不讓政府進來，政府又能奈之如何，所以也甘心願意高價向建商或前一手屋主買房子，然後繼續享受著這種特殊樓中樓的享受。出了事情，再告建商違法賣夾層屋，主張解除契約，各自退屋還錢，還真是如意算盤啊！（可以在法學資料檢索系統以關鍵字「夾層屋和解除契約」蒐尋相關判決）

夾層屋，是在樓地板中間，又多了一層，一般來說要4米2以上才住的比較舒適，3米6要做夾層屋那還真是痛苦，現在又有所謂「複層式構造」，3米加上4米2，平均起來3米6的合法高度，雖然合於法規而能夠取得建造執照，但夾層面積通常還是沒有列入權狀，只要自行施工即違法。

複層式構造

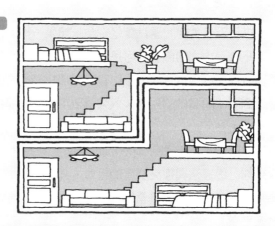

一般夾層屋

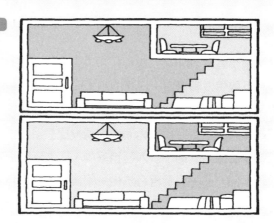

正確觀念

　　無論是哪一種夾層屋，都是建商爲了創造購屋者魔術空間的幻想，犧牲了建築物的安全，提高遭到檢舉拆除的風險，增加建商自身荷包滿滿的一種爛手段。

安全問題，干我屁事！

夾層屋最大的問題其實是安全。如果一棟大樓只有幾戶夾層，也許還不會有太大的影響，可是許多建案明明規劃設計的時候，就沒辦法承載過重的重量，而夾層也會造成樑柱結構性的破壞，但是這些卻是建商所不願多做的說明，只強調要加蓋夾層是住戶自己的決定，干我屁事！

建商的這種態度，購屋的時候還要陪笑地送錢給建商，感謝建商給你一個違法興建夾層屋的機會。拜託啊！臺灣是個地震頻繁的地區，多出的面積卻必須承擔高度的安全性風險，這樣子的房屋還是請多多考慮。

就地合法？

夾層屋可不可以合法化？

不敢說沒有機會，但真的不太可能。一般來說，要變成合法的結果，必須於申請建造執照時即以計入容積率範圍之方式提出申請，或於建築中於法定容積率範圍內申請變更設計，並經審查許可。至於以挑高樓層的方式則不計入容積率中，因為不計入容積率中，所以建商可以多蓋一些，想要再合法化，跟頂樓加蓋要合法化是一樣的，只能祈求政府睜一隻眼、閉一隻眼，想要合法化是不可能的。

最後，還被隔壁鄰居、施工人員、看屋的正義人士檢舉，自己還要面臨主管機關的「騷擾」，真可謂建商賺飽飽、購屋者違法又不安全。

建商廣告不實

對於這種惡劣的建商，可以向公平交易委員會檢舉建商「廣告不實」。購屋者因為建商的廣告不實，誤以為能合法增建夾層屋而購買，建商無法於房屋完工後讓購屋者合法申請第二次施工興建夾層屋，已經構成「契約預定效用之瑕疵」而得以主張減價，甚至於解除契約或損害賠償。但打官司畢竟麻煩，只能說購買夾層屋還是要三思而後行啊！

相關法令

- 除建築法之外，有所謂「建築技術規則總則編」、「建築技術規則建築構造編」、「建築技術規則建築設備編」、「建築技術規則建築設計施工編」、「建築物室內裝修管理辦法」的規定。依照相關規定，住宅的樓高設計除了地上1層可到4.2米以外，其餘樓層高度均不得超過3.6米，故較常見的挑高宅為樓高3.6米。
- 「隔層」與「夾層」不同，隔層使用的是與結構體不同之非永久性材料，由於材料的承載安全性不強，僅能作為儲藏、儲物等非居室使用。

Dr. J，我可以買夾層屋嗎？

　　如果看過本書關於夾層屋的一些說明後，依舊堅持要買夾層屋，那筆者也沒理由反對，但還是會提醒一些該注意的地方。有一次某位朋友要買夾層屋，大約15坪的房子，問我要注意什麼，在問了一些基本問題後，因為該友人有小孩，我提點了一下，<u>樓梯是否安全</u>？

　　結果，這位朋友看了房子回來，還特別說小孩子在樓梯上玩耍，摔了下來，頭撞了一下，好險沒事。這位朋友繼續抱怨著說：只是仲介連安慰一下都沒有，繼續勸他買下這間夾層屋。

　　為什麼會摔下來呢？通常夾層屋都是挑高的小房子，現在房價又貴，所以很多人透過夾層來爭取房子內的空間。既然寸土寸金的室內空間，當然樓梯也小了，更誇張的是，很多設計師只為了好看，設計出「<u>寬度不足</u>」、「<u>沒有扶手</u>」的爬梯，說「爬梯」真的一點都不誇張，因為最好用爬的，否則年老一摔可不得了，年幼愛玩，遲早會摔倒，這些都是要特別注意的地方。

　　講完了樓梯的問題，實際去體驗過夾層屋的朋，通常都會審慎考慮要不要買夾層屋，如果還是要買，則會選擇降低一些屋內使用的空間，將樓梯設計得更寬廣、更安全，畢竟家是安全溫暖的場所，而非另外一個刺激的遊樂場。

這種設計太危險了！

沒有扶手

●筆 記●

鋼骨建築：扎實的房子，最穩！

房屋結構的基本概念

鋼骨，Steel Construction，簡稱SC；SRC，全稱為Steel Reinforced Concrete，是鋼骨加上了鋼筋混凝土的混合構造；RC，全稱為Reinforced Concrete，則是鋼筋混凝土。

SC及SRC，因為有鋼骨在其中，成本當然是比較高，但也不是成本比較高的建築物就比較好。純鋼骨（SC）的建案感覺很空洞，或許辦公室之類的商業建築還能夠接受，可是一般住宅的用戶恐怕就感覺怪怪的，也因此才有在鋼骨外層再搭配鋼筋及灌漿的SRC。

各種結構的優缺點

SC在面對地震時會搖晃得比較劇烈，RC的建築則能夠減少側向力變形過大的缺點，而SRC具有二者之優點，樑柱的強度較高，柱緞面減少而使整體建築物的重量較輕。

臺灣地震多，當然就比較在意哪一種建築結構的耐震度最佳。基本上還是要看樓層的高低，也未必所有的建案都採用鋼骨，耐震度就是最佳。低樓層的房子遇到地震時，搖晃的程度沒有高樓層大，所以需要鋼性較強的結構，當然RC就夠了，再加上內部的剪力牆、隔間牆來協助減緩一些地震的損害，以確保主結構，都是相當重要的。一般來說，如果建案只有10層樓以下，則是用RC。

　　鋼骨的房子則韌性較佳，搖晃的位移量大，透過較大幅度的搖晃來抵銷地震水平晃動的力道，這也是臺北101大樓會在安裝重達660噸的圓形阻尼器，抵銷高樓過度的搖晃。

　　簡單來說，就跟草的生長一樣，離根部愈遠，就好比是高樓層的房子，必須隨著風的吹動而搖擺，但是根部的部分是比較鋼硬的，較不會隨著風的吹動而大幅度地擺動。所以，中高層建築，如15～25樓層，則可以採用SRC，至於更高層的大樓，則可以採用純鋼骨（SC）的結構。

鋼骨的粗細

　　不過，最近筆者參觀許多的建案都發現一個很特別的現象，感覺上鋼骨好像愈來愈細，與早期看到的鋼骨似乎有很明顯的差別，當然也可能是自己的多慮，或者是角度與距離的關係。不過，若真有這種情況，或許是因為成本上的差異，也讓這些建商選擇細一點的鋼骨，反正只要是鋼骨二字就能吸引買家上門，至於鋼骨是粗還是細，就不是重點所在了。所以，各位可以查一下101大樓的結構，再和自己想要買的鋼骨大樓比比看「規格」，或許就知道兩者成本上的差異，以及敢在斷層帶蓋101大樓的原因了。

　　101大樓那麼高，必須要抗震也要防風，為此特別針對101大樓需求量身定做的「被動阻尼系統」，其位置設置於87～92樓的樓層中央位置，其主要目的為減低大樓受強風吹襲時之擺動；我們一般人所住的大樓其實就很簡單，碰到真正的強震能否存活下來，也只能靠運氣了。

只到三樓的鋼骨？

另外，筆者曾在三峽參觀過臺北大學正門口附近某一建案的2樓，問陪同看房的仲介：「對面空屋還很多，建商好像還在自己賣，不知道那邊賣的價格如何？」

或許是仲介擔心筆者跑去找建商買，於是指著同建案對面的另一棟大樓說：「這邊的低樓層都賣光了，對面的高樓層比較不好賣，還有很多間是建商自己在賣，但是這一間2樓絕對比較好，因為這間是鋼骨結構。」筆者愣了一下，狐疑地問了建商：「對面不是相同建案嗎？難道不是鋼骨？」仲介的回答也很令人傻眼：「這邊的鋼骨只到3樓，其他都是RC。」

天啊！為了讓建案變成鋼骨，但真正的鋼骨只到3樓，更高樓層則是一般的RC，因為筆者也不是這方面的專家，無法瞭解這種說詞是否真實，若有意購買該建案，就必須要仔細查證，否則不就被鋼骨結構美麗的廣告台詞給騙了。

不實在的建商不要碰

雖然並非RC就不安全，也不是說鋼骨結構就完全沒有問題。但是建商可能會搞各種把戲，用最低的鋼骨成本，謊稱鋼骨結構是最安全的建築結構，也算是不實在的建商。

如果建商用這種心態，此一建案還有多少偷工減料之疑慮潛藏在建案中的某一個地方，恐怕就要非常小心了。當然筆者的建議還是不要碰這類型的建案為妙，中看不中用，建商也不是那麼想要蓋經典的建築，只是想要多蓋房子多賣錢，再來一次地震，恐怕鋼骨也沒什麼用。（此一建案的建商背景曾與九二一地震某建商有關係）

●筆 記●

日照：讓陽光滋養生命吧！

臺中市的一顆老樹

臺中市西區後龍里一棵千年茄苳樹旁，有建商將在樹旁興建28層高樓，將因此減少3小時的日照，可能影響千年老樹生存。市府將與建商協調，研擬以換地、容積移轉、金錢補償，甚至道德勸說等方式，解決老樹生存問題。但農業局長蔡精強擔心，市府已發出建照，法令上恐有困難。（如右頁上圖）

世界衛生組織的健康住宅

依據世界衛生組織對於健康住宅之概念，其中一項就是有關於日照權：「1天的日照確保在3小時以上」。許多先進國家地大物博，好大一片土地才蓋一間透天厝，也不太需要擔憂什麼南北向或東西向，因為四個方向都有了。但是國內地小房屋稠密，所以日照常常會被遮蔽住，日照的考量就很重要了。（如右頁下圖）

如果你購買的房子附近有一片空地，一定要問清楚空地所有人為何，未來幾年是否有興建房屋的計畫，如果有興建的計畫，樓層的距離與高度，是否會影響未來的日照，如果是嚴重影響日照與景觀，就要好好考慮一下是否要購買。當然，除了問仲介、銷售人員之外，還要實地去查清楚。

筆者有一次去江子翠重劃區看了一個建案，格局很喜歡，但位於4樓，數字上不是很吉利；再加上四周蓋滿大樓，沒有景觀就算了，整天幾乎不會有日照的機會，存活在附近20樓的陰影之下，長期來說對健康也不是很好，所以也就沒買那一間。

冰冷的牆壁景觀

為什麼這個標題是「冰冷的牆壁景觀」呢？

筆者有位朋友跑去三峽買了五間房子，可不是投資客，純粹自住，有一間房子面向東邊，看向樹林那個方向，視野相當良好。結果隔年旁邊那塊地的建商蓋起了一棟高樓，徹底完整地遮住了東方升起的旭日，更糟糕的情況是兩棟建築物相當近，近到連洗澡唱歌都可以猜是什麼歌曲。

美麗的景觀只剩下冰冷的外牆，當然要抗議一下，最後雙方協調的結果，就是把三峽的代表——陶瓷——貼個幾片在外牆上，至少可以看到三峽美麗的陶瓷藝術，也沒那麼冰冷了。

【銀河○○景觀受影響事件】

上述例子還不夠慘！

最近有一個上電視的案例，許多大明星購買的一個建案「銀河○○」，建案前面有一小塊畸零地，購買「銀河○○」的住戶本來以為那一塊畸零地是建案附屬的小公園，建商在推案的時候也聲稱不會蓋房子。想不到房價走高後，畸零地也變成了黃金地，準備要蓋起13樓高的建案，「銀河○○」14樓以下的住戶全部受到影響，號稱能看到河岸景觀的水都，全都變成日照權慘遭剝奪的房子。

想要抗議嗎？別人蓋房子可是一切合法的啊！

旁邊真的是空地嗎？

筆者也在桃園地區看一個建案，面向西有一片廣闊的水田與湖泊，感覺非常好。窗戶看出去的景觀可以說是該建案的生命所在。當然要問以後會不會蓋起來，代銷小姐趕忙說這是XX保留地，以後是禁止蓋房子的，所以一輩子都可以看到這麼美的景觀，可是小姐卻拿不出資料，當然也就不再考慮了。

實務見解

【日照權】

我國目前民法物權並沒有日照權的明文規定，但是最高行政法院曾針對日照權與景觀權做出判決。（最高行政法院99年度判字第504號判決）

該案例是建商聲請建案，並經高雄縣政府核准發給建造執照，但是這個建案將擋住附近住戶的日照及景觀權，附近住戶遂提起訴訟。最高行政法院依據建築技術規則建築設計施工編第23條規定住宅區建築物之高度不得超過21公尺及7層樓。又建築技術規則建築設計施工編第39-1條第1項規定新建或增建建築物高度超過21公尺部分，在冬至日所造成之日照陰影，應使鄰近之住宅區或商業區基地有1小時以上之有效日照。有關「興建之建築物在冬至日所造成之日照陰影，應使鄰近基地有1小時以上之有效日照」，認為有明文保障日照權。至於景觀權的部分，法院並沒有承認，也沒有加以否認，只駁回原判決，要求高等法院續查。

西曬的房子：熱到你昏倒

西曬是人性的磨練

熱瑜珈，算是蠻流行的一種運動，在高溫的環境下做瑜珈，全身大汗淋漓，還真是暢快啊！可是短時間運動還可以忍受，如果長時間可就受不了。雖然大腦會對於不舒適的環境自行調整，可是對於西曬這種持續性的高溫，人體也難以調整過來，故應該加以避免。

筆者從小就住在西曬的公寓，即使屋頂加蓋個頂篷，可是夏天的時候簡直就是一種磨練，晚上睡覺牆壁好像烤爐一樣，熱得實在是讓人受不了。經過那一次的教訓，發誓絕對不再買西曬的房子。

一般來說，房子的方向以南北向與東西向為主，當然方位不正的也非常多，有時候變成東北、西南向，或西北、東南向。無論有多少座向的類型，基本上還是建議南北向，也就是坐南朝北，或坐北朝南。

冷氣解決西曬的問題

或許有讀者會說開冷氣不就好了。沒錯，開冷氣確實就能解決很熱的問題，可是如果轉個座向就可以解決高溫的問題，為什麼還要花大錢開冷氣？把自己關閉在冷氣房，既不健康又不環保。

因此，如果可以接受安裝冷氣，密閉在冷氣房的空間加上一定的隔絕措施（窗戶貼上特殊隔熱紙）的小市民，當然還是可以考慮東西向的房子。況且座向只是考量的因素之一，還有景觀、室內空間大小、周遭交通便利性等因素，當衡量得失利弊之後，倒也不是不可以選擇的房子。

有沒有其他建築物隔絕

其次，如果東西向的方位剛好有建築物擋住，即使日曬，陽光也不會完全烤焦自己的陽台，或者是因為較高樓層，風勢較大、散熱較快，亦或是四面採光的獨棟透天或一層一戶，也沒分什麼東西南北向，這些都可以作為選擇東西向房子的因素。只是，如果要靠建築物擋住西曬的陽光，通常會影響到一定比例的景觀，缺乏景觀的房子，可能住起來也不會那麼的舒暢。

西曬與東曬的差別

再論西曬與東曬的差別，早上起床陽光曬屁股比較沒有那麼嚴重，下午西曬會比較熱，而且會一直熱到晚上，影響正常舒適的睡眠，大概一定要吹冷氣才能度過酷熱的夏天。筆者房子是南北向，加上通風良好，夏天開冷氣的天數大概不會超過3天，可是省錢又環保啊！

衣櫥之雙重屏障

房子西曬面的牆壁，可以作為衣櫥等大型家具放置地點，達到「雙重屏障」的效果，或者是設計成儲藏室，放置雜物之用。

陽台要不要加裝鋁窗

很多新社區都限制住戶安裝鋁窗，以維護整體外觀，讓房價不會因為少數住戶的私心亂改裝而降低。但是我國民眾愛貪小便宜的心態使然，很喜歡增加室內空間，利用各種方式與外界隔絕。

所以，違法的陽台外推很常見，等而次之的方式是安裝鋁窗，許多社區會限制鋁窗的顏色、式樣，如果管理不良的社區，由各住戶好自為之，但放任的結果，通常就是亂的開始。

當然，有些是因為實際的需求才加裝鋁窗，例如防止小孩攀爬摔落，或高層樓風勢過大等，也不全然都是爭取空間的心態。只是，陽台的功能還不算少，有些風景還不錯，可以遠眺山景或溪流，如果以鋁窗遮蔽，很多美景就可惜了。

其次，陽台裝鋁窗可能會導致通風不良。國家公園中會保留動物的通道，家裡也應該保留「通風道路」。以筆者之住家為例，三個大小不等的陽台，因為都沒有裝鋁窗，所以前陽台與廚房的陽台間產生氣流的流通，夏天幾乎不必開冷氣，客廳因為通風而非常涼爽。

（參照右頁圖）

註：防止小孩子攀爬摔落不一定要裝鋁窗，例如可以安裝「隱形鐵窗」，不
　　會影響外觀。

　　如果加裝了鋁窗，恐怕沒有了「通風道路」，夏天就必須開冷氣，空氣不清新又浪費電，實在很不划算。當然，也可以透過較為節省的方式，創造人工導引的「通風道路」，例如在廚房的陽台安裝<u>抽風機</u>，導引室內的氣流流動，也算是不錯的方式。

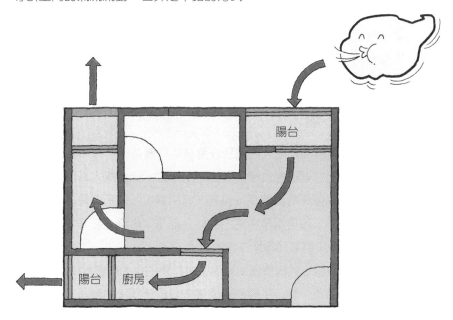

大規模造鎮：需求與供給的平衡點

北區三大造鎮區域

大規模造鎮對於整個地區的發展當然是正向的，北部地區較為知名的包括林口、淡水、三峽等地點，將大量土地釋放給建商後，在一定的規範下，由建商與當地政府共同進行開發，塑造一片嶄新的地方風貌。目前來看，三峽臺北大鎮是最為成功，但林口、淡水有捷運或輕軌捷運，交通上比較便利。

造鎮規模不能太大

從筆者觀察的角度，因為三峽造鎮的範圍最小，大多數的建案都已經完成，配合著臺北大學與學勤路的規劃，確實讓人耳目一新。居民的結構也有極高的比例是投資客、假日客，所以只要是非假日，感覺上人煙稀少，等售屋量頗高，連仲介都在大馬路上裝著特殊醒目的燈光，像是螢火蟲般地吸引來客的目光。

在交通方面，號稱捷運將會通過，但恐怕也大約要10年或以上才有可能完成通車，目前主要交通還是依賴自行開車、騎車及公車，交通並不是那麼方便。

所以造鎮規模如果太大，空屋一堆導致市場價格下跌、治安容易惡化，交通負荷量如果無法同步提高，也將成為住進來的住戶永遠的夢魘。如果造鎮失敗，只能安慰自己擁有鄉下生活的清幽。

捷運真的有到嗎？

至於林口、淡水方面，因為腹地更廣，感覺更形冷清，而且兩地的特色都屬於較為潮濕之環境，尤其淡水靠海，對於身體健康是否有正面的幫助，必須加以考量。

但是，因為有捷運的加持，所以讓許多人有更多的期待，但也不是整個地區都有捷運可以到達，例如淡水輕軌捷運雖然已經通車，但距離捷運站較遠的建案，還是應該多考慮一下！

假日，超級擁擠的淡水

淡水固然有「無敵海景」，可是因為淡水先天交通上的限制，一條狹窄的公路加上捷運，曾經在淡江大學任教的筆者有著深刻的感受，上下班時間跟假日下午如狂潮般的遊客，再加上現在住在淡水的假日客，簡直就是一場夢魘。

尤其是迴轉更是困難，因為道路狹窄，紅樹林捷運站前還有專屬的迴轉區，購買當地建案真的要好好地斟酌。至於林口的部分，靠著機場捷運的加持，也預期會有一番榮景，再加上高速公路也變方便的，交通上還算是值得肯定，而且體育園區環境優美，對於房價也有些許的加持作用。

只是這一區因為腹地較大，建案量過大，目前在眾多投資客的炒作之下，房價已經變高了，而且反轉向下，未來是否還有一般人較為關注的增值空間，恐怕要好好地盤算一下。

學生型套房：租金賺飽飽

市場飽和度判斷

　　早期投資學校附近的學生型套房，賺錢的機率通常很高，還有許多朋友購買法拍屋，裝修一下就開始出租，因為成本低，利潤也不錯。但是，現在學校附近的學生型套房，新的建案逐漸增加，舊的又殺低搶市，變得比較不好操作。

　　筆者曾經在淡江大學任教，也曾經想要投資附近的學生套房，通常學生套房的成本會比較低，原因在於大學院校所處的地點通常比較遠，所以相較於市中心或捷運樞紐的房價，當然會便宜許多。例如淡水捷運站附近的價格，假設1坪是20至25萬元，淡江大學附近的價格至少會少個5萬元，畢竟除了當學生套房之外，交通比較麻煩、環境也比較擁擠，並不太適合一般住家居住，房價自然也漲不起來。

101步到側門：近，是第一個要求

　　曾經有個淡江大學附近的建案，強調101步就可以走到該校的側門，筆者實際測試了一下，果真只差個50步，真的是蠻近的，號稱每個月租給學生，一個房間至少5,500元，上看7,000元，投資報酬率相當高。

　　可是真的有這麼高嗎？能不能租得出去呢？

　　筆者當時有向學生瞭解了一下，學生在淡水當地租屋的比率相當高，畢竟即便是住在臺北，搭捷運到了淡水還要轉公車，上下課還是非常麻煩；再加上淡江大學附近的房租費用不高，所以當然租房子的比例很高了。

可是實際走訪了附近的房子，發現學生租屋比例雖然很高，但是附近房子租不出去的空屋還是比比皆是，導致租金價格愈來愈低，願意每個月花5,000元的學生可能只有不到10%。如果要省錢，大家將一層公寓租下來，2萬元不到的價格，分成5-6間，每個月根本就不到4,000元，甚至於很容易壓低到3,000元以下。這種現實環境讓原本預估的投資報酬率恐怕會砍掉一半，而且這一半的獲利前提，還要能<u>租得出去才能收租金</u>啊！（未來少子化，許多大學會整併或倒閉）

基本資料推算報酬率

所以要投資學生套房，對於附近的基本資料就要能夠加以掌握，例如學生有多少。對於學生人數的資料，可以查一下該校學生的統計表，例如淡江大學教務處的網站中，就有提供各年度學生人數統計表，日間部大學學生大約2萬1千人。至於附近的租屋房間數，就必須實地去瞭解一下，然後依據空照圖去進行推估，大概就可以瞭解市場的飽和度。不過，這只是出租率，如果產品可以做到差異化，例如專走高價路線，或許也能掌握穩定的市場，投資套房也才能順利回收。

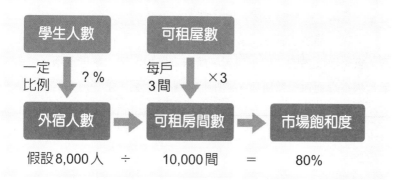

溫泉宅：溫暖你的身心靈

挖到熱水就是溫泉

　　現在好像到處都有溫泉宅，不是傳統溫泉區的建案也號稱戶戶有溫泉，不必跟別人排隊等湯屋，這種行銷確實頗為吸引人。這些建案的溫泉，來源是將管子打到地底下上千公尺，冒出了泉水，只要有些礦物質，而且冒出來的是熱水，那就是溫泉了。

　　但所謂溫泉，是有定義的，只有符合溫泉基準之溫水、冷水、氣體或地熱（蒸氣）。（溫泉法 §3I ①）北部建案中，最有名的當屬北投溫泉區的住宅建案，大多是以溫泉宅為主打的議題，好像沒有打著溫泉宅的名義，房子就賣不出去。

有那麼多溫泉嗎？

　　筆者曾經在北投山區任教過，泡溫泉算是家常便飯，但並不喜歡到山底下泡溫泉，畢竟人往高處爬，水往低處流，愈底下的溫泉水，總是會讓人懷疑是不是上游洗完之後輪到下游洗，在不確定這種情況發生的機率，筆者通常都去陽明山洗。

　　其次，溫泉水有限，又是以管子的粗細來計價，假日人潮這麼洶湧，哪有那麼多的溫泉水可用，所以有聽說溫泉水循環使用，或者是業者根本沒有管子接溫泉，直接倒溫泉粉調配。這些黑心的溫泉水，實在是非常噁心。因溫泉宅須經政府核發水權執照，在購屋前應向業者確認社區具水權執照，並親自檢驗溫泉溫度與水質，以確保溫泉宅之品質。

請拿出水權執照

曾經因為淡水、三峽標榜溫泉宅的建案太多，消保官介入調查，行文要求建商提出水權執照，這些建案不是沒有水權執照，就連最基本的水利局興辦許可都沒見到，還有些建商推說這是「溫泉住宅」定義上之差別，就可以知道這些建商有多狡猾了。不過也有的建商不願意花錢鑿井，直接在廣告中標示清楚是運送水車，也號稱是溫泉宅，只能說「建商，真是有你的！」

合法抽取、使用溫泉水之程序，是由建商先向水利署取得興辦（取水）許可，取得許可後才可以開始鑿井，接著再檢附相關資料申請水權執照，經水利主管機關核定後發給水權狀，建商再憑此狀開挖地下1,500公尺以下以抽取地熱水。

管線容易受損

假設買到的是真正的溫泉宅，下一個考量的重點就是溫泉是否會造成管線受損，原因在於硫磺泉水質具侵蝕性、屋內管線與家電等設備較容易損壞。如果為了泡溫泉而買溫泉宅，就好像是要喝牛奶買了一頭牛，增加的麻煩恐怕是難以預期。

相關法令

- 有關水權之規範：水利法第四章水權之登記，第27-45條規定。
- 溫泉水權：指依水利法對於溫泉之水取得使用或收益之權。（溫泉法§3 I ②）
- 申請溫泉水權登記，應取得溫泉引水地點用地同意使用之證明文件。（溫泉法§4 II）

養生村：老人的天堂

人老了，就是靠那一個按鈕

　　筆者辦公室隔壁住了一位老學長，退休了沒有人照顧，曾經在房間內摔了一跤，骨頭都裂了，好險筆者聽到碰的一聲，衝了過去緊急送醫，最後只好送到養老院照顧。在高齡化嚴重的臺灣社會中，要好好規劃自己未來的退休生活。在少子化的社會，安排自己進入養老住宅，一顆緊急按鈕將是自己最堅實的保障。

別靠養兒來防老

　　「養兒防老」已經是錯誤的觀念，因為在少子化的世界，必須要靠更專業的養老服務來取代。再加上目前社福外勞人力減少，本國勞動力也逐漸不足，「集中化管理」是解決人口普遍老化的核心機制。

　　可見的未來，因為需求過於龐大，一開始供給會嚴重不足，接著許多企業將會搶著興建為老人量身訂做的住宅，大概10年過後，預估才會供過於求；當我們老的時候，可以盤算自己的口袋深度，尋求適合自己的養身村。

　　換言之，「養生村」或所謂的「年金屋」，逐漸取代早期「養老院」的觀念，這些養老的環境非常舒適，環境清幽、空氣清新，而且有著良好的醫療照顧與飲食提供，生活娛樂更是不虞匱乏，費用也不會太貴，比較常見的方式，是採取一筆數十萬的保證金，以及每個月繳交1萬元以上的「租金」，好一點的3萬以上。

多樣化經營模式的養生住宅

養生住宅大多是採「使用權」的概念，相當於長期租約，也就是將自己退休金的一部分來購買房子的使用權，再每個月繳交一定的費用，由整個管理中心提供各項服務。

「年金屋」，則是由年輕就開始繳交一定的費用，等到年老的時候就可以住進去，而且不再需要繳交大額的費用，有點兒像是「生前契約」，年輕時繳款，當離開人間時，所有的喪葬費用都不必繳款，年金屋就如同生前契約概念的延伸，如果推出這項產品的公司很穩當，倒也不失為一種好的選擇。

旅居式的養生住宅，讓住戶可以進來住半年，另外半年可以更換不同的地方住。換言之，只提供半年的居住環境，另外半年「自力救濟」，或者是提供其他養生住宅居住。

年老的我們可沒有體力在針對契約是否合理打官司，所以要儘早想到相關細節，否則扯上了官司，只怕還沒打完，就氣到無法繼續爭取權利下去了。

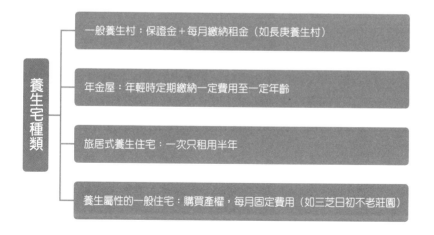

養生宅種類
- 一般養生村：保證金＋每月繳納租金（如長庚養生村）
- 年金屋：年輕時定期繳納一定費用至一定年齡
- 旅居式養生住宅：一次只租用半年
- 養生屬性的一般住宅：購買產權，每月固定費用（如三芝日初不老莊園）

捷運宅：圖個交通上的便利

捷運、捷運、捷運！

　　交通便利性，早期是購買房屋的重要考量，現在的捷運已經與交通便利性畫上等號，一堆房屋廣告更把捷運宅列為第一優先，非捷運宅莫屬，更有投資的價值。可是筆者並不這麼認為，捷運對臺灣來說，還算是一個新鮮的玩意兒，所以當然就有炒作的空間，等到未來捷運到處都是，也就沒有什麼特殊性，價格也自然會下跌，《張金鶚的房產七堂課》一書中，也採取相同之看法。

吵鬧、炒高的捷運宅

　　認真實地考察捷運宅的民眾不難發現，<u>捷運縱然具有高度的便利性，但周邊吵雜聲與人潮來往的複雜度，都是會產生負面的影響。</u>尤其是噪音的影響，或許高樓層住戶感受較淺，若是低樓層住戶則對於此長期噪音常不堪其擾。尤其選舉前的造勢，候選人幾乎常在上下班時間與助選員站在捷運出口附近拿著擴音器，對著進出捷運的乘客們宣傳自己的政見，連假日也不放過，一早就得忍受這種大聲公打擾睡眠的酷刑。

　　「大腦騙局」3.6的快樂實驗與「思考的藝術」第47個議題「享樂跑步機」，都提到人的大腦對於情緒的起伏會自行調節。但是有些情況是大腦無法調節的狀況，就要盡量避免，例如固定的舟車往返、噪音、持續性的壓力等。

　　所以，如果實際體驗捷運住宅後，發現噪音、震動的問題很嚴重，就應該要好好地考慮一下，捷運站擺脫了舟車往返的痛苦，但卻增加噪音與震動的長期無法排解的壓力，是否值得呢？

　　蓋因投資客把捷運宅炒太熱，導致捷運周邊房價居高不下之外，連房仲業者也主打便利捷運宅，導致購屋者也跟著便利迷思而瘋狂跟進，真正入住之後才後悔的可不少。而且高價購得後也才驚醒自問：我似乎買貴了……

用有錢人的角度思考

　　其實認真思考一下，真有非捷運在旁不可的必要性嗎？大家都很喜歡看《有錢人想的和你不一樣》這本書，試想看看如果你是有錢人，會買捷運宅嗎？當然是住在遠一點又山光明媚的豪宅中，很有氣魄地自己開著勞斯萊斯的車子去建設公司上班，然後蓋了捷運宅，讓一些傻蛋捧著錢來貢獻給自己。

　　一般小市民沒有命住豪宅，也沒有錢買勞斯萊斯，甚至小福特都沒錢買，倒是可以設定自己可接受的捷運宅距離，例如距離捷運宅500公尺、1,000公尺，多走幾步路是在可接受的範圍內，離捷運越遠相對價格就會低一些。

　　筆者向來不喜歡熱鬧，離捷運2.3公里，每天上班花10分鐘搭公車就可以到捷運站，房價不過是捷運旁邊的一半，又可享受真正寧靜的住宅。而且只要挑對地方，塞車是少有的現象，也不會有固定舟車往返的勞頓。

共構還是分構

　　如果是共構的話，雖然很方便，捷運出口幾乎就是住戶的家門口，但也相對少了許多隱私性。其次，共構的捷運宅，特別著重安全性的考量，很多是沒有瓦斯管線，如果要煮飯煮菜，就要靠類似電磁爐的設備，難以用瓦斯設備。

　　不要以為瓦斯管線不會發生危險，1995年間，新北市板橋區就曾經發生一次嚴重的瓦斯氣爆事件，造成3人輕傷、131戶房屋毀損，筆者當時就住在附近，也算是災區，只是自宅運氣好沒有發生氣爆。另外2014年7月31日凌晨，高雄市前鎮區與苓雅區更發生多起石化氣爆炸，也造成32人的死亡事件。

　　其次，你知道捷運宅的車位比較少嗎？

　　既然稱之為捷運宅，當然希望你搭捷運，儘量不要開車，況且如果是共構，哪有那麼多的空間留給汽車停放，印象中也只有少數幾個捷運站底下才有足夠的停車空間，大部分都沒有停車場。

　　有些捷運共構宅因為構造特殊，或者是因應捷運局相關規定，考量建築載重問題，必須使用輕隔間牆面之新式工法，結果導致隔音效果差，隔壁沖馬桶、說話聲都聽得一清二楚，臺灣高等法院甚至於還判某建商賠償每戶新臺幣4萬元。

　　所以，如果是以自住為購買的目的，一定要親身體驗捷運宅，否則為了保值或交通便利而選擇捷運宅，恐怕會產生許多問題，只有每坪單價高，滿意度恐怕並不是那麼高。

捷運不需要在你家門口

　　跳脫捷運就在家門口的迷思是很重要的，實在不必要盲目地跟進，讓荷包省下一些錢，拿來裝潢讓內部空間更美，多走幾步路對身體也比較勇健不是嗎？

　　眾多人喊熱、喊打，不代表你自己也要盲目跟從。購屋理念也是如此，抽離跟著他人屁股後方的一股腦思維，冷靜思考一下捷運宅的距離與價錢間的微妙，有時省下的不只是金錢，更是獲得更好周邊生活品質的環境。

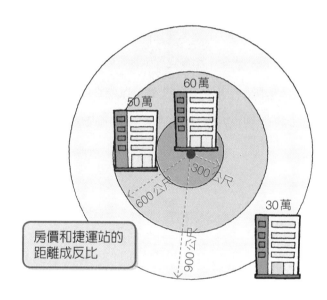

張大眼睛挑好屋

選屋篇，是決定你想要買什麼類型的房子，以及什麼類型的房子不要碰。

看屋篇，則是揭開建商、代銷業者，或房屋仲介者隱藏的黑幕，別讓自己成為黑心業者宰殺的羔羊。

本篇有近30篇的文章，以獨立的觀察高度介紹各種看屋可能遇到的招數，從各種小地方教你發現購屋的陷阱。

代銷公司①：現場的鼓掌聲怎麼不見了？

銷售人員都有演戲的天分

　　一般預售屋的看屋現場都常會有鼓掌聲，如果你對於A棟8樓有興趣，代銷小姐馬上會大聲問說，A棟8樓還有嗎？這時候台上就有位先生透過廣播麥克風，好像巴不得在場所有人都聽到，高聲回答：「抱歉！A棟8樓已經賣出。」接著銷售小姐又問，A棟是否還有哪些樓層可以賣？這位先生又廣播著，恭喜您！還有「最後一間」A棟4樓的房子可以帶看。雖然說是「最後一間」，但仔細聽聽這「最後一間」還真的很多間，實際上的意思應該是說每一間都只有一間，當然是最後一間囉！

　　這種可以透過手持式對講機溝通的工作，居然要用大聲公的方式讓大家知道，理由很簡單，就是炒熱氣氛，讓現在的來賓都覺得再不買房子可能都沒有了。當然，也可能很多樓層根本也沒賣掉，但是要假裝已經賣掉，總不能每次問，每次都只能回答說：恭喜您！A2棟6樓這一間還有，不止這一間，整棟都沒賣出。偶爾還是要穿插著有力的賣菜聲：D4棟10樓，抱歉，已經賣掉了。

說謊不會臉紅才能賺錢

　　不過，也不是每一次都這麼吵雜，曾經有一次到臺北市近郊，號稱20分鐘就可以到臺北市信義區的建案，已經蓋好了還在賣，所以銷售現場當然就～～冷清許多，當時曾經有一段很冷的對話。

筆者：「怎麼你們這邊的人氣比那個《城○城》差？」

銷售小姐：「我們才不找那種假的客人來充場面，也不會假裝在現場有很多炒熱氣氛的鼓掌聲，或者是假交易成功的歡呼聲。」（現場真的很安靜）

但是，才不到15秒，可能是現場太安靜而沒有銷售氣氛，現場雖然還有兩組看屋客（包括筆者），為了提供銷售可能性，台上那位男子很盡責地拿起麥克風又開始廣播：「D20的10樓，成交嗎？再確定一次，成交！」

只見小姐很尷尬地拍了幾下手，我們也跟著拍了手……心裡一陣狐疑，到底是誰成交了？

經過這次爆笑的看屋體驗，要瞭解不要被現場氣氛動搖了你應有的理智，因為這個現場氣氛就是一種讓你掉入陷阱的「幻覺」。

代銷公司②：便宜的家電裝潢，你要嗎？

羊毛出在羊身上

　　許多建商都會送便宜的家電、裝潢，這些家電、裝潢當然都附含在建商開價的成本與利潤中，簡單來說，還是購屋者出的錢，也不必特別覺得這家建商真是有良心，更不必特別感謝建商，羊毛出在羊身上，絕對不是因為你比較帥、特別美，通常是因為你比較笨，這些家電完全是吸引你買房子的一些小誘餌。

送家電，還是要殺價

　　有些建商還說：「這個建案雖然不能降價，但有送家電，如果不需要這些家電，還可以折現房屋價格15萬。」這樣子的說詞，其實就是希望能打消購屋者狠狠殺價的念頭，讓購物者誤以為只有選擇要家電或選擇折現15萬兩種選擇，卻忘了除了選擇要家電外，一樣還要殺價，以及選擇折現15萬外，依舊還要殺價的另外兩種選擇。

　　有些讓建商很感恩的客戶，就這樣子只折了15萬，連殺價都不殺價就買了，內心還非常感動有這麼好的建商，果然是辛苦蓋的房子。因為從某些老實客戶的角度來看，已經折了15萬，哪好意思再殺，這樣子建商可是虧大了。這種客戶真的是促進國內房地產經濟的最大推手，請大家看到的時候，一定要站起來掌聲鼓勵一下。這些客戶絕對不會是陸資、大戶，一定都是只會在菜市場殺價，一輩子只買個一戶、兩戶的小老百姓，老實、容易被騙，是這些購屋者的特性。

　　千萬要記得，無論要不要家電，都還是要殺價。

注意家電的品質與配合自己的裝潢

如果真的要這些家電，一定要仔細看看這些品牌，然後去市場查詢一下價格，換算起來是否合理與划算。其次，這些家電固然是「免費」，但這些家電是否符合自己的需求，還是要盤算一下，否則事後裝潢完畢，才發現應該要40吋的大電視，但是建商只送了29吋，變成還要另外購置新的電視，這台比較小的電視沒地方擺設，只能成為佔倉庫空間的多餘物品。

至於贈送的裝潢更是要小心，材質一定不好，甚至於甲荃含量過高，對健康會產生害處。筆者的親戚曾經買了一坪80萬的「小豪宅」，走進去裡面一看，就是贈送的「爛」裝潢，一看就知道是爛，那種隔間板子的感覺，與大賣場那種自行組裝的三層置物櫃的料子差不多是同等級。

這種送的裝潢也不會太難看，但是一定不耐久，只要交完屋，半年之後出了問題，建商會積極地幫你處理那才真的是見了鬼。到時候也千萬不要期待建商會答應說，沒問題！馬上免費幫你打掉重新裝潢。

代銷公司③：樣品屋與實品屋

夢幻般的樣品屋

樣品屋這個議題，要注意「樣品屋」不是「實品屋」，兩者必須要加以區分。樣品屋，是「假」的、是「虛幻」的，真的是給你一個夢。作夢，醒來就沒了；樣品屋，等到實品屋蓋好，夢也就該醒了。

所以，樣品屋的建材總是非常的好，但是你沒錢這樣子裝潢；樣品屋看到的窗戶總是大大的，但蓋好的實品屋窗戶突然變小，這就是「尺寸」上所做的手腳，或者是有如錯覺的技術，讓人感覺到放大、變美的效果。有些廣告文宣還會寫明，圖片僅供參考。

無論如何，建商吃定了不會有人實地去測量窗戶的大小，或者是事後再去跟實際蓋好的窗戶做比較。這些幾乎是極少數的消費者才有的反應，反正這些樣品屋不就是一個夢。

假的都搞不好

「樣品屋」也看得出一間代銷公司的水準，所謂「連假的都做不好，更遑論真的」。許多「樣品屋」的建材就很差，一看就覺得是敷衍了事，若碰到這種建案，筆者建議連看的時間都可以省下來，因為連夢都造不好，除非是有些具有宗教背景的建商不靠浮誇的外在取勝外，否則實際蓋出來的結果恐怕會更慘。

遙遠的樣品屋

樣品屋的景觀總是美美的，但是實品屋看出去的景觀總是一團雜亂。常見的伎倆，就是銷售中心的地點與實際蓋房子的地點相距甚遠。

　　筆者有一次去桃園高鐵前面看房子，銷售中心就在桃園高鐵的正對面，第一個存在心中的假象，就是這個建案與桃園高鐵很近，還好筆者的夢常常還沒睡醒就能夠自我打破，真正到工地走一遭，才發現距離不是50公尺，是800公尺。

　　這又想起了一部談論夢境的電影「全面啟動」，讓作夢的人以為夢境是真的，在夢境中找出作夢者的思考內容，甚至於竄改這個夢境最核心之處，作夢的人好像被催眠一樣，跟著造夢人所指示的方向與植入的內容前進。

不要買樣品屋

　　有些樣品屋是實屋裝潢，美到你想說直接買下樣品屋，然後幻想著一卡皮箱就可以搬進去。個人強烈建議不要天真不務實，樣品屋固然很美，可是那就像孔雀開屏般，只是好看，吸引母孔雀的用途罷了。試想看看，影視紅星的穿著在舞台上很亮眼，但恐怕不能穿在路上吧！

　　換言之，如果你買了這種樣品屋，即便是很便宜的價格，但都不會很實用，畢竟並不是為了個人的需求量身打造，等到家裡雜七雜八、累積千年的廢物，全部搬進了新家之後，沒幾個月，甚至於根本不用幾天，馬上就夢醒了。

　　建議，可以想像這間樣品屋塞滿了雜物的樣子，儘量在心中醜化，幻想堪用度只有3年，3年後所有的裝潢像是老人牙齒般地鬆脫，讓這幅印象烙印在你的腦袋中，將可以避免做出錯誤的選擇。

彎得過拓海，彎不過填海

　　筆者最近在板橋的重劃區看房子，仲介手中的案件開的價格都很高，因為該建案銷售中心還沒有結束，於是跑去銷售中心與建商直接

洽談，沒想到相近樓層的單位，建商不但帶裝潢，甚至還沒談價格之前就已經比仲介無裝潢的單位每坪單價少了約4萬元。

	建商	仲介
每坪單價	48萬	53萬

這讓我有點疑惑，2021年底不是因為資金寬裕導致房市股市飛漲、買氣正熱，為何這家建設公司這麼急著賣掉房子呢？

剛好這是一家上市公司，於是我查看了現金流量表，發現這三年的營業活動現金流都是負數，參酌資產負債表的長短期負債，大約是手中現金的10倍，推測有可能是看好房市、大舉投資，但空屋太高，資金周轉壓力大，所以把房子包裝得還算漂亮，又比市場行情低一點，提供資金的周轉率，以解決一波又一波的償債壓力。

我對於這種負債比過高、存貨過高的建設公司，若非現在還有點熱度，恐怕就很難能熬過去；有一句電影金句是這樣子說「彎得過拓海，彎不過填海」，這家公司的財務狀況有如刀口舔血一樣；然而，對於不排斥這家建設公司的朋友，可以直接找建設公司洽談，談價格的空間應該不錯。

●筆 記●

公共設施①：建商認養的籃球場

蛋字級的建案

　　《黑心建商的告白》一書，裡面提到板橋某「蛋」字級的建案，非常靠近河堤，投資客賣了4年，很多到現在還沒有賣掉。以筆者的觀察，只要不那麼貪心，應該不難賣。

　　這個建案就在筆者每天回家必經之道路，位於板橋長江路上，這條長江路早期有個封號：「毛澤東游得過長江，走不過長江路。」這句話是形容色情行業很多，尤其是靠近河堤的小路，過去有許多家茶店，也是警察喜歡臨檢抓酒駕的地方；再加上靠近河堤，鐵皮屋特別多，感覺非常雜亂，整體素質感就難以提升。

小花招改善環境

　　當初建商要賣這個「蛋」字級的建案，因為周遭環境既然這麼荒唐，恐怕讓有意買屋者看了也不想買，就算買了也賣不到好的價錢。試想看看，旁邊有座大漢橋，來來往往的車子實在很吵，鄰近高架橋的住戶就如同高速公路第一排的房子，會讓生活品質降低不少，這種房子的賣點恐怕只有鄰近捷運站（但走路大概要走10分鐘）。

　　此外，高架橋下沒有經過規劃整理，感覺上就是犯罪的溫床所在，附近鐵皮屋、工廠一大堆，顯得很髒亂。不過，建商也不是省油的燈，用最小的投資達到最大的效果，小小的改變就讓這個建案充滿了朝氣與活力。

建商採行什麼策略呢？

很簡單，建商認養了大漢橋下的一小塊土地，改成晚上都會開燈的籃球場。當然這一個籃球場就讓整個建案有不一樣的感覺，充滿了青春活力，而且解決了陰暗、治安不好的感覺，四周不斷湧入打籃球的學生，讓這個原本髒亂的區域，格調馬上改變了不少。

深入街頭巷尾走走

如果買房子沒有四處走走，就看不到後面巷子內另外一種「青春活力」的茶店，也看不到雜亂的鐵皮屋、工廠。當然建商這種小小的投資並不是一件不好的事情，畢竟透過這一番的細微調整，再加上當地政府的一些交通建設規劃與未來長期的配套改進措施，長江路的面貌也有了不錯的進步。

只是如果只有這種經過建商認養的籃球場而沒有其他配套措施，當建商賣完房子，這個籃球場還可以維持多久呢？

公共設施②：中看不中用

買房子還是買公共設施

除了燈光、飯店式管理之外，大樓社區還有許多公共設施，一樣花枝招展地搖擺著屁股，希望能吸引著你的目光，例如健身房、SPA三溫暖、電影院、KTV、兒童遊樂設施、閱讀室、圖書館、聚會中心、游泳池、籃球場、羽毛球場、桌球、撞球，甚至於高爾夫球練習室等，玲瑯滿目的公共設施，你心動了嗎？

按摩椅與健身房

有些建案還提供按摩椅，這其實是最不實用的項目，因為數百間住戶的社區中，可能總人數高達上萬人，僅提供兩三部按摩椅，根本不敷使用，晚上下班時候想要使用按摩椅，恐怕還得排隊。而且按摩椅非常容易損壞，要再購置可能要花費30～40萬元之譜（以每台10萬元計算，買三至四台），對於社區每個月的管理支出將會造成極大的影響。

筆者因為很喜歡健身，所以健身房一定要參觀，一般社區的健身房，設計上也大多是擺個三到五台的跑步機，有的可能才一部跑步機、一台便宜的腳踏車練習機，然後一顆健身球，就算是健身房了。反正住戶也很少使用健身房，但是在銷售廣告上又可以加上一筆，算是最小的投資，最大的效益。

但要注意這些沒有足夠健身設備的健身房，往往5年之後該壞的都壞了，大概健身房就沒有實際的使用價值。

荒廢的健身房

剛蓋好

10年後

如果健身設備壞了，住戶會更換新的嗎？

筆者認為只要是花錢的事情，住戶都會反對；我個人爭取了1年，才勉強花了3萬元買了一台太空滑步機；因為很多人也不喜歡健身，多花錢可能會導致管理費不足，如果要增加管理費，對他們來說可不是好的政績。

可遠觀的宴會廳

筆者還曾經在三峽看過某個美麗的岡○建案，每一個公共設施都感覺到非常的美麗，但是卻充滿著不實用性，例如在該建案中有一個宴會廳，擺了一個大約可以容納20人的桌子，筆者當時問代銷小姐這個桌子有何用途？

對方回答倒是蠻特別的，可以宴請朋友。筆者追著問：「那有煮菜的地方嗎？」這個回答也很務實，「住戶可以請外面的餐飲業者來做桌菜……」但是，你會在這裡辦桌嗎？弄得滿是油垢，誰負責清理呢？

圖書館的書

還有一個常見的問題,就是圖書館的書如何管理?現在大學有圖書資訊系,有專業的科系負責規劃圖書館的管理,未來又有所謂的電子書,所以圖書館可以說是知識的來源,如果社區中有一個品質很棒的圖書館當然是件好事。

只是該如何買新書?每年社區該編多少預算來買書?如果管理不善,圖書館很容易變成K書中心,或者是被偷,架上的書愈來愈少,不知道跑去哪裡了。D棟的老王借了5本書到現在還沒有還,三催四請都置之不理;取而代之的書,都是正準備考高中大學的住戶小孩把公共書架當作自己的。

總之,這種公共設施固然很好,但是也會衍生很多管理上的問題,在美麗的外表下還是要有務實的思考,若是以豐富的公共設施作為買大樓社區的主要原因,5年或10年後一定會失望。

球類設施

許多球類設施,如羽毛球館、室外籃球場、網球場、桌球室等球類運動,因為所需要的設備比較簡單,主要是空間要足夠,所以在維修成本上會比較低。至於有些比較高級感覺的設施,如壁球場、高爾夫球練習場,在管理維護上就比較費工,會增加未來營運上的成本,也要好好地考慮一下。

實務案件

【亞昕公園大道大廈違反公平法案】

- 最後，這些公共設施合法嗎？這也是一個很嚴重的問題。例如實務上曾有亞○公司銷售「亞○公園大道大廈」建案，廣告中提到地下1樓包括「水幕迎賓迴旋廳」、「麗池養生俱樂部」、「紐約體適能會館」、「上城宴會廳」及「曼哈頓撞球室」等各項公共設施。

- 買房子的人看到這些廣告資料，基本上會認為是可以合法使用的，結果居然都是施作於地下1樓所核准之停車空間及機車位置上，可能會因為違反建築法而遭到一定罰鍰、勒令拆除、改建、停止使用或恢復原狀之法律風險，也違反了公平交易法。買方還是要多比較相關竣工圖，而不要只相信美麗的廣告。

（資料來源：公平交易委員會網站）

【新板特區開放空間拆除案】

　　新板特區豪宅開放空間違規使用，這些建商承諾對外開放的開放空間，以換得更高容積率，原本任何人均可使用。但建商卻違規使用，改建為吸引住戶購買的「公共設施」，最後交屋後又被拆除，建商會負最終責任嗎？還是這些住戶只會罵拆除的新北市政府呢？

公共設施③：通風不良的公共設施

密閉式，不健康

延續著公共設施的議題，一般公寓大廈的公共設施不要期盼太高，而且都無法長久，已如前述。接著要談的是有關公共設施的位置，如果公共設施的位置是密閉式空間，如地下室，因為空氣比較不流通，未必對健康有幫助，且未來在管理上可能產生問題，讓公共設施的使用上沒有原本看到的那麼舒適。

空調決定舒適度

主要的關鍵因素在於「空調」，筆者看過許多10年以上的大型社區建案，幾乎為了省電、節省開支，都不太願意開冷氣，或者是只有局部開冷氣，與房子剛蓋好，建商與代銷公司還在賣房子的時候，全面性開冷氣，說有多舒服就有多舒服，隨著社區的老舊，公共設施的舒適度一定相差甚多。

或許會質疑說，不過就是多花一些小錢，增加住戶的品質，有什麼好排斥或拒絕？

但是，一種米養百種人，社區大廈屬於結合式的住宅，數百戶甚至於上千戶都有，奇奇怪怪的人一大堆，能少一些支出，即使是300、500都好。某個文山社區為了省錢，居然還說不要使用共用垃圾場，也不願意花錢請人清運處理，要求每個住戶都自己出門倒垃圾。

由於有些人長期都不會使用公共設施，因此一定會有人主張全面性關閉，諸如游泳池夏天也不要開放、冬天即使是溫水游泳池也不要開放，這樣子說不定還可以少收1個月的管理費。

　　只是從房價來看，擁有良好的公共設施應該會有加分的效果。所以，社區應該要凝聚共識，如果意見分歧而讓公共設施無法好好地管理，整個社區的感覺將逐漸走味。

具通風可能性的場地

　　所以，在「冷氣不可能一直開」的基本前提下，恐怕就要考慮通風性，地下室絕對難以通風，通常都是開空調來解決通風不良的結果。但是有些建案是採取單一空調，如果要開啟空調，可能只有幾位住戶使用，就非常浪費電。筆者曾經看過桃園機場捷運附近的某建案，剛好該建案的公共設施集中在地下室，因為大多數是投資客，公共設施平日幾乎沒有人使用，如果剛好有住戶要使用，真的是非常浪費電。

　　其次，即使公共設施設置在高樓層，若採取密閉式空間的建築，也恐怕難以有利於健康，尤其是許多建案為了好看，四面均採帷幕玻璃，「溫室效應」產生的熱度，只要天氣稍微一熱就很不舒服；開了窗戶灰塵又多、不開又很悶，美麗的外表下卻非常不實用。

建物主體①：看了就舒服的房屋外觀

賞心悅目的住宅外觀

　　許多建築外觀蓋久了看起來就是舊舊的。如果是公寓大廈，要進行外觀整修，恐怕緩不濟急，況且人多嘴雜，想要順利完成住宅外觀的更新，那可是一項很麻煩且不可預期的事情。

　　如果購屋時就能選擇外觀歷久彌新的建築物，將會是較好的選項。只是許多大廈貼了瓷磚，經過長期風吹日曬，常有一條條骯髒的水線，要清洗可真困難。除了清洗費用不低的考量外，還有很多因素會影響社區清洗與否的決定，例如筆者社區因為曾歷經九二一大地震，不能直接以化學藥劑清洗，否則可能會灌入牆壁內造成更大的損害，所以迄今尚難決定出一個讓外觀煥然一新的妙方。

　　瓷磚，通常會有這樣子的毛病，如果一棟5年的大廈，外觀就已經髒髒的，更遑論10年後的外觀會是如何糟糕？多仔細瞧瞧，畢竟買房子是一時的，買了之後，住在裡面卻是長期的。這跟養孩子一樣，創造小孩是一瞬間的，但生完小孩的養育工作卻是一輩子的。

日本的修繕積立金

　　日本除了社區管理費外，還要收取「修繕積立金」，這一筆資金是為了未來有重要修繕、外觀維護等工程時使用，類似於特殊目的的準備金；我國則沒有這個制度，導致現在很多社區超過了30年，公共基金卻不夠錢更換電梯、對講機等大型設備，更遑論替外觀拉皮，這也是我國老舊社區外觀大多很陳舊，但日本40年的社區外觀看起來跟新的一樣的主要原因。

骯髒的住宅外觀

外觀骯髒，將會嚴
重影響房價。

牆壁清洗示意圖

費用很高，要讓社區
出錢清洗，很難達成
一致的共識。

中央補助都市更新

　　自2011年起，政府每年都有會補助民間進行都市更新整建維護工作，主要是所謂的「外牆拉皮」，由內政部營建署負責推動，原可依據「中央都市更新基金補助辦理自行實施更新辦法」申請補助，雖然補助金額不高，但不無小補，如果修繕完成，對於房價將會有不錯的提升效應。惟後來因都市更新條例修正刪除前開補助依據，本辦法目前遭到廢止。

利用建材遮掩不適宜的外觀

　　早期建築物沒什麼美學的概念，往往蓋了之後，發現曬衣間外露，遠遠地就可以看到隔壁棟的內衣褲，連遮掩的地方都沒有。整棟大樓如果各種不同的內衣褲、棉被隨風飄盪，那可真是難看。

　　其次，分離式冷氣機逐漸流行時，大多放在建築物外的花台露台，放置位置如果一致，那還算整齊美觀，可是建商逐漸考量到實際上住戶想放的位置未必相同，遂透過建材來達到遮蔽效果。在不妨害通風、日照與安全的前提下，讓這些冷氣機、廚房、曬衣場等比較不美觀的地方，得到遮蔽的效果。（如右頁上圖）

　　後來發現這樣子的遮蔽效果還蠻好看的，甚至於很多建案將其成為主要的建築外觀，搭配些許的燈光，可以使得整棟建築更有藝術的氣息，也可以間接解決掉一些外觀雜亂的困擾。

與綠樹相處的環保建築

　　隨著環保意識逐漸抬頭，如果能夠在屋頂、前庭後院種植大量花草樹木，對於環境的維護有不錯的效果，大量的綠建築，更能接近世界衛生組織有關「健康住宅」定義中的「二氧化碳要低于1,000PPM」的要求。（如右頁下圖）

　　只是有些建築物空有綠色植物，走進去一看，卻只是假的植物。為了管理方便，只有了植物的綠色，卻沒有健康植物的本質，這樣子的操作方式只是為了管理上的方便，實在是非常可惜。

各種建材遮掩方式

外牆遮掩

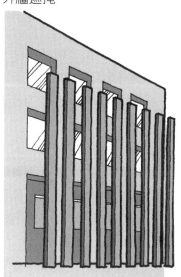

可以遮住許多
曬衣物的不雅
景觀！

以樹木遮掩

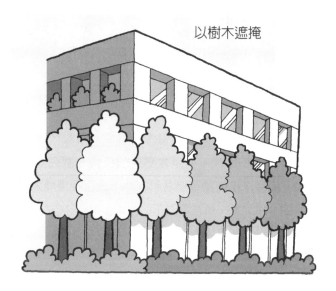

建物主體②：觀察房屋燈光

燈光，孔雀的羽毛

　　燈光，就如同孔雀的羽毛般，吸引著購屋者前來買房子。買屋者通常會被美麗的燈光所誘惑，但是房子的好壞與燈光沒有太大的關係。就如同公孔雀開屏的羽毛般，只是好看，有沒有能力，要上了才知道真功夫。

　　目前看過最誇張的燈光秀，當屬板橋捷運站旁的「蛋」字級建案，整個建築外觀幾乎被一圈一圈的燈光造型所包圍，確實是很吸引大眾的目光，可是這個電力來源是太陽能嗎？如果不是，就真的很不環保。客戶或許看得很高興，也因此很喜歡，覺得這個建案真是氣派，但是請記得，這個氣派是建立在你所繳交的管理費上。

　　筆者曾經去電詢問與上網查了一下該社區的管理費，結果居然每坪100元，這樣子的管理費與附近的行情有一定的落差，本來預期應該是60元，結果每坪居然多上40元。換言之，如果買了20坪的房子，每個月就要多繳800元（總金額2,000元）；如果是30坪，就要多繳1,200元（總金額3,000元）。

　　<u>這些差價是打哪兒來的呢？</u>

　　猜測應該與其外觀的電源有關係。假設這棟大樓很環保，打著太陽能發電的訴求。但是太陽能的技術一直在變化，據悉轉換率僅10%，如果未來轉換率提高到30%，是否要更換太陽能發電設備呢？如果要，那又是一筆社區要花的成本。

燈光，耗電又不環保

首先，燈光耗電，現在大多數建築物的燈光，即使是LED燈，也是要電費，電費絕對不會是建商繳，反正等到點交給住戶之後，成本都是住戶繳納，黑心建商當然是搞得愈漂亮愈好，反正又不是他付錢，只要能把房子賣出去就好。

以筆者所住的社區為例，社區剛交屋，只要到晚上，每一戶陽台的公用燈泡就會打開，整個美到不行，可是社區的管理費每個月總是剛好達到平衡，如果突然有什麼大型花費支出，恐怕當月收支就會變成負數，所以就動到了燈光電費的頭上。

一開始是每天晚上開燈，5年後只有星期六日開燈，再10年後只剩下星期六晚上開燈，最後因為夏季用電量過高，星期六晚上也不開了。（後來又與臺電重新簽訂電價契約，每個月省了好幾萬元）

所以，買房子不要因為燈光而愛上了它，因為買了房子之後，這些優點很快就不見了……怎麼感覺像是探討戀愛與婚姻的關係……

住戶燈光，判斷銷售率或進住率

燈光對於黑心建商來說，也是掩飾銷售量不好的招數。

住戶的燈光是筆者判斷一個建案銷售情況或進住率如何的重要指標。筆者開著車經過北二高三峽附近，有所謂的「高速公路第一排」的房子，其中有一個建案外圍的燈光超級美觀漂亮，滿滿的都是燈光。可是仔細一看，好像是在掩飾進住率很差的現象，因為沒幾間房子的客廳或房間有開燈。

進住率很差的情況就好像是鬼城，安全性與社區管理都會發生問題，如果大部分的住戶都還是「建商」（因為賣不掉），建商如果不願意花錢，那這些少數的住戶可就慘了，社區管理委員會的運作也會產生問題。

所以，記得晚上8點可以去觀察想要購買的房屋外觀，數一下有多少戶的燈是打開的，至少要有四成，才代表進住率達到一定的標準；如果晚上12點，開燈的住戶比例可以高達三成，代表這一個建案的進住率非常良好。

空屋率過高

據媒體報導，全台空屋率（低度用電住戶）大約是9.13%，等於平均每十間房子，就有一間空置。空屋率不算高，相比前幾年雖然有下降，但是空屋的總量卻還是不斷攀高，到2021年時還有超過81萬戶，也是相當可觀[註]。

註：可查詢低度使用（用電）住宅、新建餘屋（待售）住宅，https://pip.moi.gov.tw/V3/E/SCRE0104.aspx

如果開燈率達到下列比例，通常實質進住率就可以達到90%。

	鬧區住宅	郊區渡假型住宅
假日晚上7點	35%	60%
平日晚上7點	40%	35%
假日晚上11點	25%	35%
平日晚上11點	30%	20%

◎有些要考量是否屬於假日住宅，例如三峽區有許多住戶，只有在假日的時候才會去住宿，平日則在市區租屋或有其他自住的房子。

◎晚上6點比較不適合看屋，因為可能天色過暗，或正好外出用餐，難以透過燈光進行判斷。

◎如果屬於投資型住宅，例如青埔機場捷運站，則比例會更低，但這種房子通常沒有實質進住率。

建物主體③：飯店式管理

建商編織的七星級管理美夢

　　飯店式管理，是現在建商銷售的手法之一。剛買房子的新手可能會認為這個建商真是大手筆，讓我住的房子可以享受飯店水準的服務。真的別傻了，這些飯店式管理的費用又不是建商出錢，都是來自於住戶所繳納的管理費，建商當然選擇最好最貴的，本來1坪只要60元，飯店式管理就會導致管理費暴增為100元。

　　由於飯店式管理的費用實在太貴了，所以有人戲稱，第1年飯店式管理，第5年一般式管理，第10年警衛1人。為什麼？因為成本太高了，大多數的住戶只希望繳交每坪60元甚至於更低的管理費，當然就會撤換原本建商給的美夢，住戶也就沒辦法享用飯店式管理。

帥哥美女怎麼不見了

　　飯店式管理，也千萬不要期待太高，很多只是虛有其表，也就是找些比較年輕的服務人員站出來，等到房子通通賣出去之後，年輕的妹妹也不見了，連同停車場前有肌肉的帥哥，因為通通調到其他新的建案，現場變成了成熟穩重的阿桑來管理，或許這種現實的結果就是要告訴住戶，服務才是最重要，年輕美麗只是浮華的外表。

　　如果真的堅持要帥哥美女，當然也是可以！可是價格就比較貴，每個月管理費本來只要每坪50元，突然提高到80元，甚至於150元，連海軍陸戰隊退伍的猛男都可以來當社區的警衛；若是願意繳200元，上下電梯都有百貨公司等級的服務人員幫你按電梯。

自費項目眾多

飯店式管理，並不是代表有人會送早餐到你床邊、衣服也可以幫你送洗，甚至於下班回家時，發現床單已經幫你換新了。別作夢了，只有帥哥美女站在櫃檯與停車場，其他基本管理內容與一般的社區管理公司差不多。

如果要有人送早餐到你床邊，請自費；如果要有人幫你送洗衣物，沒問題，請自己出洗衣錢；想要幫你換新床單，甚至是要有管家，從口袋掏出錢來，一切都沒有問題。

總之，別把太多心思放在飯店式管理，因為有可能過幾年之後就只剩下一般式管理，除非你願意1個月花費5萬元在管理費上，有如聘請一位私人管家服務，但一般老百姓花得起嗎？

飯店式管理
優點：感覺像是貴族的生活
缺點：費用高昂

單一警衛管理
優點：費用便宜
缺點：感覺生活品質比較差

建物主體④：停車場判斷住戶品質

冷靜，冷靜，再冷靜

建商給你的訊息都是一層一層糖衣包裹下的產物，必須要一層一層地反向撥開，才能發現糖衣內部的真正價值。但是這又何其困難，許多裝潢好的房子，只看到美麗的裝潢與建構在你腦袋中的虛幻，熱烈氣氛的銷售中心加速你下定的速度，免費的家電贈品省下你口袋的金錢，但必須要立即簽約才有免費的家電，這些因素都讓你昏了腦袋、失去理智。

別單靠仲介與鄰居的資訊

如果是成屋，看個房子大多只能與仲介有密切的接觸，仲介的可信度如何？真的是替你著想的仲介嗎？還是只想著如何從你鼓鼓的荷包中撈錢的人呢？

探詢鄰居的狀況有效嗎？因為現在「自掃門前雪」，鄰居互不往來者眾矣，敲敲鄰居的大門，可能碰到的是在門縫中打量著你的鄰居，或者是開了門立刻又把門關上的怪鄰居，想要藉此瞭解社區狀況，恐怕還是得靠自己找到其他的蛛絲馬跡。

甚至於有些鄰居聽說隔壁要賣房子，還會跑去找這間賣房子的住戶，語帶威脅地說：想要我講好話，就付點錢吧！否則，有人來問我房子好不好，我就「一五一十」地照說，或者是主動透露出一些與事實不符的訊息，看你房子還能不能成交。

所以，有很高的比例可能會問到付過錢的資訊，這些資訊可是要多重確認，才能發現其是否可靠。

好的住戶品質決定一切

　　住戶品質，牽涉到未來長期居住在此社區是否能夠順心愉快的關鍵。如果旁邊都是刺龍刺鳳的兄弟，或者是較為貧窮的社區，可能對於社區的營運都會有負面的影響。

　　曾經有一位仲介賺了很多錢之後，由於很喜歡別墅，就選擇了前總統李登輝所住的鴻禧山莊作為自己居住的環境，住戶水準高，相對居住品質也不會太差。

車子，是判斷住戶品質的第一步

　　一般民眾大概口袋不夠深，也不會去買別墅或者是帝寶等豪宅，剛看到一個建案或社區，該如何判斷社區的平均水準呢？有一個不錯的方式就是走到停車場逛一圈，看看車子的品牌以及車位放置雜物的情況。

　　如果看到的大部分都是舊車、國民車，或者是很年輕狂野的飆車族系列，可能就要好好考慮一下。如果看到的都是賓士Ｓ系列以上、BMW、保時捷、LEXUS，甚至於更特別的品牌，當然並不代表這些開好車的都是好人，但至少在社區營運上發生問題的機率比較低，像是管理費的繳納也不會拖拖拉拉的。（如右頁上圖）

　　其次，要看一下車位的整潔度。有些人喜歡占別人便宜，自己停車位旁邊的公共空地也占為己用，如果這種情形數量多，代表社區自私自利的情況嚴重，也代表著社區管理出現了問題。

車位動線很重要

　　順帶一提，到停車場實際觀察還有一個好處，就是能夠先到自己買的車位，可以瞭解一下行車動線與車位概況。有很多人買了車位卻沒看過一次，等到自己要開車進去時，才發現因為管線的關係導致高度不夠高，或者是太狹小，或者是一定要倒車25公尺才能把車子停好，都會造成實質上的困擾，甚至於可能與其他住戶發生爭執。（如右頁下圖）

豪華房車居多

樸實車輛居多

車位要親自體驗

建物主體⑤：停車位

依據停車位相關法令的內容，可分為一、法定停車位；二、獎勵停車位；三、增設停車位三種。以下就三種類型敘述於後。

法定停車位

根據「建築技術規則建築設計施工編」和都市計畫法相關規定，依其精神，可分為「法定防空避難設備兼做法定停車空間」以及「法定停車空間」。前者是指平常當作停車之用，戰時則作為防空緊急避難之用；後者則雖屬法定停車空間，但功能上並無須在戰時提供防空避難之需求，也就是單純供作停車位之用。

早期，法定停車位原本可登記產權，也可以取得持分所有權及所有權狀，因此可以自由買賣或轉移登記，所以當時常有車位賣給社區以外的住戶，徒生困擾。但是後來內政部解釋，法定停車空間不得與主建物分離，所以在80年以後的車位，必須與主建物一起辦理轉移，大幅度地避免此一情況的發生，但就算沒有賣，還是有很高的比例會以承租方式租給社區外的住戶。

有些停車位雖然登記有產權，但是卻未必能停。因為可能屬於整個大樓的區分所有權，如果車位不足，還必須要另行抽籤來決定誰可以停車，在購買車位之前都要特別注意。

獎勵停車位

獎勵停車位，就是建商賺到。怎麼說？

原本獎勵停車位是為了解決都市停車位不足的情況，所以利用放寬容積管制的方式，鼓勵建商興建停車位以供公眾使用。但是很賤

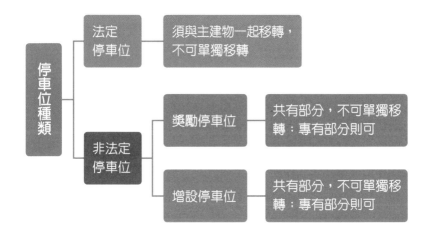

的建商多蓋了好多停車位，賺到了容積率，可以多賣一些坪數，又違法將停車位變成一些社區住戶才能使用的公共設施，或者是把這些獎勵停車位再賣給住戶，甚至於即便對外開放，每個小時的停車費相當高，外面的人根本不會想要在這邊停車，政府又不介入處理，導致這種實質圖利建商的結果不斷地發生。

反正只要房子賣光了，住戶自己面對獎勵停車位要開放的問題，黑心建商早就兩手一攤管你去死了，結果外人還是把車停到自己的社區，影響整體安全與品質，而住戶還要分擔這些停車位空間的管理費。

除了獎勵停車位，還有獎勵公共空間，都是一樣的問題，明明應該開放的空間，偏偏圍起來不讓其他人進入，像是信義計畫區就一堆豪宅都搞這套。顯見這些有錢人也不太懂法律，誤以為這些林蔭大道專屬於他們所有，所以有的蓋起了圍牆，隔絕了其他鄰居使用。結果遭到了檢舉，才知道大部分都是公共開放的空間，必須開放給其他民眾使用。

相關法令為「臺北市土地使用分區管制規則」第82條規定，公共開放空間應全天開放供民眾使用，非經領得變更使用執照，不得任意變更開放空間內之各項設施、搭建構造物或作其他使用。

落實獎勵停車位制度可以解決停車問題

內湖科學園區的大樓，幾乎都有對外開放車位，停車收費也不會特別貴，這就是有落實獎勵停車位機制，建商享受了容積率，也讓多餘的車位分享給非大樓所有權人使用，也就能夠解決大樓周邊的停車問題；所以，我開車去內湖科學園區的餐廳吃飯，不必擔心找不到車位。

增設停車位

增設停車位，是由建商自行興建的停車空間，不受法定停車位的約束，車位屬於獨立產權，可以單獨過戶買賣，不需要附隨於房子中進行買賣，也不是為了提供公眾使用。以筆者所住的社區為例，地下一樓的所有停車位都是建商所有，到現在還是繼續租給社區附近的住戶使用，多多少少會影響整體社區的出入狀況。

停車位也要繳納費用

如前所述，有些停車位可能還要抽籤才能有機會享用，如果沒抽到，就要自行想辦法，筆者有一次跑去看位於板橋地區，屬於眷村改建的大庭新村建案，發現該社區車位不足，所以必須要以抽籤方式來決定該年度的車位使用狀況，覺得有些麻煩與不確定性，所以也就放棄。

即便不必抽籤，停車位的產權也是屬於自己，但還是要給付社區所規定的清潔費或管理費，這也往往產生一些爭議，不過通常是社區

規約的規範，停車位也不是公眾可以使用，而是社區特定住戶使用，給付一定的管理費或清潔費也尚稱具有合理性，購買車位時也要注意這一點。

相關法令

建築技術規則建築設計施工編第59-2條第1項規定

為鼓勵建築物增設營業使用之停車空間，並依停車場法或相關法令規定開放公眾停車使用，有關建築物之樓層數、高度、樓地板面積之核計標準或其他限制事項，直轄市、縣（市）建築機關得另定鼓勵要點，報經中央主管建築機關核定實施。

●相關要點如「臺北市建築物增設室內公用停車空間供公眾使用鼓勵要點」（原臺北市建築物增設室內公用停車空間鼓勵要點），或各縣、市自行訂定之要點。

建物主體⑥：消防設備還可以用嗎？

消防噴水頭

一定樓層的房屋，內部必須裝設灑水頭，這是由於如果發生火災時，因為高度的關係，難以使用垂降或其他設備逃生，就必須靠能運作的灑水頭救災，但許多屋主<u>因為裝潢的目的，把灑水頭全部隱藏起來，這種房子應該避免購買</u>。

其次，如果灑水的管線是隱藏式的，可能因為年久失修破損，且因維修困難，而根本無法在火災發生時運作；如果無法確認是否可以正常運作，就應該避免購買此種房屋，通常超過15年的高樓大廈比較有這種問題。

你會使用垂降設備嗎？

花蓮縣家扶中心附設希望學園收容的兩名少女，為了要參加烤肉居然破壞5樓寢室防盜鋁窗，再將逃生用緩降機掛在鋁窗橫桿上垂降逃跑，兩女一起套著繩索垂降，但細鋁桿無法承受兩人一百多公斤的體重，瞬間斷裂，兩人從5樓墜地摔死。

由此一不幸事件可知垂降設備除了必須勘用外，還要會正確使用。所以購屋時也檢查一下屋主的逃生垂降設備是否存在（一般10樓以下會有垂降設備）和是否勘用？是否因為裝潢而拆除？都是必須瞭解的重點。

消防灑水頭示意圖

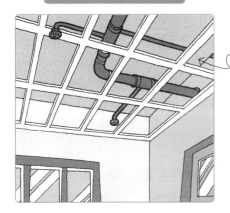

明管式較好，
維修方便。

垂降設備使用不慎示意圖

垂降設備應定
期檢視堪用性

建物主體⑦：打不開的門

設計用心是關鍵

　　大型建案、大型建設公司在設計時出現荒唐的錯誤，也不是少見的事情。筆者曾經到三峽精華區域的一個建案，在朋友的帶領下看了一間待售的房子，因為是朋友帶看，所以很誠實地說這間房子1年多還賣不出去。

　　該房地段（臺北大學側門旁）、樓層（中高樓層，面中庭）、價格都很漂亮（一坪開價14萬），照道理來說應該不會賣不出去。但是想起了一進來時開大門的時後，因為與隔壁是90度角的設計，這樣子設計的結果會造成開門的時候，隔壁的大門就不能打開。

　　筆者問了一下朋友，是否是大門的原因而造成一直賣不出去的結果。這位朋友也很實在地回答說，每位看屋的朋友都有發現這個問題，而且問完之後，都沒有看第二次了。

小細節，大學問

　　一粒沙看世界，這樣子怪異的設計突顯出來的是設計的不用心，很難期待其他地方會多細心，會有多麼讓人心動的設計。小細節，會有大學問。如果小細節都能夠做出一定的品質，整體建案就比較不會有大的問題。

　　不過，回到剛剛那個打不開的門，只要花筆小錢，把門稍微修改更換一下，這個問題就解決了，當然前提是要確定該建案的其他部分沒有太大的問題，則可以用比較低的價格買到還不錯地段的品質。

廁所浴缸後面的小空間

除了打不開的門，還真的常見到許多奇怪的設計，例如某一個三峽的建案（鋼骨只蓋到三樓的相同建案），進入浴室後，在浴缸的後面居然有一塊大概1.5坪的空間，但是沒有門進去，問仲介要怎麼進去，仲介也是尷尬地笑了一下說：好像只能爬過浴缸旁邊的矮隔間牆。

連同仲介說到鋼骨只蓋到三樓，這個建案只因為在臺北大學大門前，開價高達20萬元，說真的就算便宜5萬，還是要放棄購買，畢竟好房子才是一輩子的，買了爛房子，錢都是建商賺的。

所以，從很多細節的地方也可以看出建商的功力，蓋一棟房子必須要具備多重的整合能力，實在的建商也許沒什麼花俏，但四平八穩的房子可以讓你住得更久更安心。

就好比汽車品牌中，Toyota的車子最受到一般民眾的青睞，中古車的價格最好，主要的原因就在於組裝的品質，也許沒有那麼花俏，但非常少會發生問題。建商有沒有這種整合的功力，從小細節就可以看出一些端倪。

蓋屋品質①：催生房屋的工人

施工過程中的細節

　　雖然說買屋需要靠衝動，但是可別讓衝動埋了雙眼與理智，畢竟買屋需要的是雪亮的雙眼與清醒的頭腦。以新成屋來說，常會看到工地現場還有施工人員清理善後，甚至電梯還黏貼著防止刮傷壁面的珍珠板等。此時，就可以認真仔細地東張西望一下電梯裡的珍珠板，當然不是要你在珍珠板裡尋寶挖珍珠，而是要請你看看板面上是否留有三字經幹譙版詩篇。

　　為什麼？因為通常施工人員的素質與施工品質是有大大關聯性的。訓練有素的工人會照著規定來辦理，遇到問題也會反應解決；只求自己施工方便，不管未來住戶死活的工人，蓋出來的房子當然也不會很好。

　　工人，是催生房屋的母親。通常建築工地現場都有一定的規範，要求工人必須符合一定的紀律。但如果管理不當的公司通常難以管控這些工人，如果工人都無法管控，那建築的品質又會好到哪裡呢？所以，可以在現場觀察一下工人的行為，如果到處是菸蒂，而且看起來長期不清理，這樣子的建築品質想必很差，就要避免購買。

　　擁有品質差的建築工人，真正的房屋實景或者是隱藏在水泥底下的管線，恐怕是更不忍卒睹的，例如：粉刷幾乎是極度不均勻的，甚至Silicon收尾部分也是隨隨便便，紗窗關起來又不順，整間屋子與質感無法劃上等號，就算設計得再美也不會想把錢掏出來買。

看不見的地方最可怕

舉一個浴缸的例子，多數浴缸裡面是空心，就會發生在安裝過程中，很多施工人員懶得將現場垃圾提出去丟棄，乾脆就把垃圾瓶瓶罐罐都往裡頭塞，浴缸垃圾掩埋場於是在此悄悄地落成於無形。

曾經有小市民買了房子卻覺得廁所怎麼一直很臭，還有怪異的蟲出現，最後受不了把浴缸打開才發現這些「歷史古物」。這些過去曾經發生過的悲慘經驗，也說明為什麼施工人員的素質也是列入首要考量的原因！

無論如何，有時候看屋不要只是走馬看花、只看到美麗的地方，仔細找出一些細節，當我們希望從銷售人員口中得知這建案到底好或不好，不需要他們吹噓，一點用心的細微觀察，你會看到很多別人所看不到的瑕疵，用眼睛也用點心機來找碴吧！

蓋屋品質②：「博士的家」相同建商

新莊博士的家倒塌原因

九二一地震大家記憶猶新，新莊「博士的家」在九二一地震的時候，C棟大樓倒塌並壓毀部分鄰屋，造成43人死亡、百餘人受傷，相關建商成立過失致死等罪，住戶集體向建商和昌建設公司求償10幾億元的賠償。

司改基金會網站中曾看到吳佩蓁所撰寫此案涉及的責任檢討，提到主要有下列幾點：

> 1. 未按圖施工，柱的主筋搭接不實，接頭均在同一介面。
> 2. 柱的箍筋需135度彎角，卻僅有90度彎曲，致抗壓能力下降。
> 3. 綑綁柱箍筋及樑的箍筋，未保持適當距離。
> 4. 綁紮鋼筋時未跳點綁接。
> 5. 混泥土強度不足，灌漿不足，使鋼筋欠缺保護層而外露，致鋼筋防鏽能力及混凝土握裹能力均不足。

這5點內容通常一般購屋者不會實際去瞭解，即便有心到現場監工，恐怕也看不懂，這種人禍只能依賴建商、營造商或專業技師的良心。起造人和昌建設公司當初決定自行監工施造，所以向嘉×營造公司租借牌照，牌照是租借來的，當然就少了實際監督的功夫。

此外，建築師從未到場施工監造，土木技師也只是借牌收租金，整個建造過程缺乏專業人員進行品質控管、監督，包商也偷工減料，所以九二一大地震一來，整個大樓像是積木般地倒塌。

建商另起爐灶

　　相同的建商另起爐灶，成立了生×公司，也蓋了許多房子。當然並不代表蓋了新莊「博士的家」偷工減料，換家公司就還是會繼續偷工減料，有位同事就買了生×公司的建案「巴黎×都」，也知道先後這兩家建設公司應該有所關聯，但其購買這個建案之理由，是這家建商受過一次教訓，應該不會再偷工減料了吧！

　　筆者查了一下生×公司的董事成員，也確實兩家公司有一定的關聯性。既然確認了兩家公司有一定的關聯性，買房子就要好好考慮一下。雖然之前做錯了事，不代表就一輩子不能翻身，但建商過去的信譽卻還是重要的考量因素。

　　如果曾經發生重大過錯，則除非這一個建案能夠有更透明的資訊，例如整個蓋房子的過程都能夠公開，否則建議還是避開這類型的建設公司，以免哪一天又來了一個大地震，震完又發生不幸的事件，冗長的訴訟程序將成為夜晚難以入眠的夢魘。

如何查詢公司相關資料？

　　若要查詢相關公司資料，可以連結全國商工行政服務入口網（https://gcis.nat.gov.tw/），進入「商工查詢服務」/「公司登記查詢」/「公司及分公司基本資料查詢」即可查到相關資料。

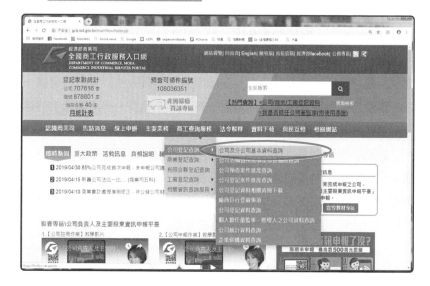

　　可以在基本資料查詢項目中找到公司基本資料、董監事、經理人、分公司等資料，作為買房子的判斷依據。

補充資訊

　　依據蘋果日報的報導「生×建設，自建自售貼近客戶」（2010/9/4），何姓負責人指稱其合夥投資的和昌建設股東經營「借照」生意，牌照借給了九二一地震倒塌的新莊市「博士的家」的營造廠。

蓋屋品質③：快快蓋，快快賣

早點蓋好，品質難保

　　現在蓋房子速度都很驚人，感覺沒多久前才剛圍籬，隔了幾個月居然就蓋好幾層樓，甚至於也有聽說3個月就蓋了9層樓，只能說這樣子的興建「效率」實在是太令人匪夷所思了。這麼講究效率的蓋房子速度，難道是蓋房子的工法先進不少，還是為了趕收錢，隨便蓋蓋了事，反正交了屋，漏水、龜裂都是購屋者的問題，建商只要兩手一攤，擺爛就對了。

　　速度怎麼快法？目前一般模板工程都會準備兩組模板，讓1樓還沒有拆，2樓就可以架上，業者可以快一點請款，可是對於結構未必是一件好事。畢竟慢一點灌漿，混凝土可以有多一點的時間熟成，有更大的強度來灌漿，結構強度更好。對常發生地震的臺灣而言，也當然可以面對更嚴厲的考驗。

法令執行鬆散

　　建築法規定，建築工程中有所謂施工階段，必須勘驗部分，應由直轄市、縣（市）主管建築機關於核定建築計畫時，指定由承造人會同監造人按時申報後，方得繼續施工，主管建築機關得隨時勘驗之。（建築法§56Ⅰ）違反此一規定者（各縣市也有建築管理自治條例），處起造人、承造人或監造人新臺幣9千元以下罰鍰，並勒令補辦手續；必要時，並得勒令停工。（建築法§87⑦）只是又有多少建案被勒令停工，罰鍰那麼低，有遏阻力嗎？

　　曾經看過濟○建設蓋的房子，建商是否宗教團體的成員，價格據悉無法殺價，但從外觀上來判斷，蓋的速度確實是比較慢，若配合實際監工，確認施工的內容均符合一定之施工規範要求，這樣子的房子倒是可以考量。反倒是其他施工品質堪慮，即便是便宜一點、漂亮一點，但未必真正賺到。

鋼骨結構的房子蓋得比較快

　　在新店河邊蓋了一長串的房子，蓋的速度確實很快，鋼骨一下子就架好，牆壁也只是在地面組裝好之後就馬上架上去，所以花費的時間也不會太多。因此，並不一定蓋房子的時間就和房屋的品質有絕對的關係，重點在於每一個步驟是否有落實，是否每一個步驟監工過程都能發現問題、解決問題，蓋房子時間的長短，只是判斷房子好壞的因素之一。

補充資訊

　　網路上有許多可以參考的資訊，例如部落格「自己蓋房子」（http://ecoarch.pixnet.net/blog），將自己施工的過程貼上網，可以透過該網站的照片與解說，瞭解一般蓋房子的基本流程與概念。另外，也有許多出版作品，如「漂亮家居」的出版品，是專門針對蓋房子的基本知識所寫，都很值得想要瞭解蓋房子流程的民眾閱讀。

蓋屋品質④：九二一之前的房子

小心買到有內傷的房子

　　九二一地震，以南投縣傷亡最為慘重，該縣市死亡失蹤人數2,494人，全倒戶數52,270，半倒戶數54,380，這些數據顯示的意義，呈現出九二一地震的嚴重性。其次，當時在臺中縣市、臺北縣市也有嚴重的災情。對於買房子的人來說，一個重大地震的發生，在挑選房子就要多一個考量因素，就是九二一地震發生前（1999年9月21日）的房子要不要買？

　　基本上，全倒、半倒的房子應該不會買，但是有內傷的房子卻很難判斷。不過歷經這麼多年，該整修的外觀早就整理得漂漂亮亮，但至少從外觀還是可以發現比較嚴重的情況，例如有些大樓頂端與其他大樓幾乎重疊、有環狀裂痕、牆壁破損嚴重，如果都看不出來，所以「起造的時間」大概就是一大判斷因素。

查詢三部曲

　　買方如果看上了一間房屋，又發現這間中古屋的可能起造興建時間落在九二一之前，那就要小心了。

　　第一步，可以先到建管處或工務局查詢一下，例如臺北市政府建築管理工程處的網站（http://dba.gov.taipei）中查看「建管業務綜合查詢」，再點選「宣導專區」中之「921及331地震」，就有針對九二一地震、三三一地震的受損建築物進行列管並公布，如果是列管為紅單、黃單，基本上是連考慮都不必考慮。（如右頁圖，2021年7月20日更新）

臺北市921地震列管黃單建築物清冊

一、紅單全倒之建築物因有傾頹朽壞而危害公共安全疑慮，市府均於震災後第一時間，依法強制拆除完畢。其餘紅單半倒及危樓之建築物，因尚未達到需強制拆除之程度，業由專業技師、建築師公會代表現場勘查，認為在停止使用之情形下，尚無安全顧慮。

二、黃單需注意之建築物，因非屬危險建築物，未達限制使用之程度，惟均已函知所有權人應盡速修繕補強或辦理重建，以便撤銷列管，維護居住安全。

序號	行政區	地　　址	備註
1	士林	文昌路179巷11號2樓	921黃單
2	士林	天母北路87巷22弄2、4、6號；　87巷16至22號1至5樓	921黃單
3	士林	天母東路105巷3號3號地下室	921黃單
4	士林	延平北路五段213巷17至33之1號	921黃單
5	大同	敦煌路165號2樓	921黃單
6	大安	和平東路二段28號	921黃單
7	中山	吉林路221至223號	921黃單
8	中山	長春路346號	921黃單
9	中山	新生北路二段41巷21、23號	921黃單
10	內湖	新明路181巷3、5、7號	921黃單
11	內湖	港墘路113號5樓	921黃單
12	內湖	環山路二段6至8號、10巷2至4號、10巷6弄6至8號	921黃單
13	內湖	新明路451巷34弄2、14號（整編為瑞美街129、127號）	921黃單
14	內湖	江南街71巷16弄5號、5-1至5-3號，7號，7-1至7-4號	921黃單
15	文山	木新路2段86號至94號	921黃單
16	北投	中央北路四段442巷4弄2至10號	921黃單
17	北投	光明路73巷11號	921黃單
18	北投	光明路74號（整編為光輝路86號）	921黃單
19	北投	泉源路29之1、2、3、4號；　33之1、2、3、4號	921黃單
20	北投	清江路156號1樓	921黃單
21	北投	清江路207巷4號	921黃單
22	北投	致遠二路95巷34弄2號	921黃單

　　<u>第二步</u>，可以透過關係向該社區的管理委員會瞭解，是否有請土木技師公會、結構技師公會、建築師公會等單位鑑定受損的結果。

　　<u>第三步</u>，則是在附近進行訪查，喝杯咖啡，與咖啡老闆娘聊聊是非，聊到老闆娘跟你熟到誤以為你要泡她，不經意地談談投資，問一下這社區的概況，有沒有凶宅？是不是危樓？相信可以獲得更深入的資訊。

【查詢單位】

　　各縣市政府建管處或工務局

建築物公共安全

　　針對我國各地建築物安全檢查狀況，也可以上網查詢，除了已經停業的場所外，分別顯示「已申報備查」、「申報改善中」、「逾期未申報」、「辦理申報中」、「申報不合格」等五種。

　　針對所要購買的房屋附近是否有公共安全疑慮的建築，可以透過下列系統輸入縣市的路名來查得相關資料。

《公共安全—建築物安全檢查資訊查詢》

（https://cloudbm.cpami.gov.tw/CPTL/）

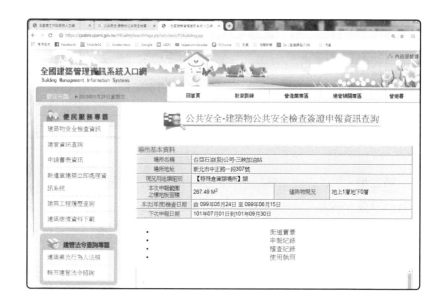

地震前，還是地震後的房子

筆者歷經過九二一等多次地震，因為工作關係，也在臺中地區實地考察了許多災區，也調查過許多地震災害的房子，曾碰過與震災相關最慘的一件事情，是某次地震導致101大樓位於大約八十餘層的吊臂摔到地面時，剛好正是我工作的責任區，所以，地震對我的影響是很深遠的。

我常常思考，到底買房子要買歷經大地震考驗依舊屹立不搖的房子，還是沒有經過大地震摧殘的新建案呢？後者，因為沒有經過大地震的認證，是否扎實也難以確保，不過反過來說，沒有經過大地震的傷害，至少沒有內傷。

地震的後遺症

筆者目前的社區算是勇健的，歷經賀伯颱風的淹水，加上九二一地震，並沒有受到太大的傷害。但是有1年，當筆者參加社區管理委員會的經營時，卻常常聽到在大約5至10樓間的住戶抱怨牆壁會漏水，希望管委會代為處理牆壁漏水的事宜。

只是維修外牆要搭鷹架，這可是個大工程，成本太高，很少有社區能夠承擔如此的費用，也因此都建議住戶從內部以注射補強的方式，將漏洞填補避免滲水的情況。

　　這也是地震留下來的後遺症，因為地震產生的扭力，外牆會留下45度的裂縫，許多看房子只看漂不漂亮，卻忽略一些外觀存在的表徵，往往買了房子才發現許多漏水的困擾，每到下雨時，找房屋仲介、前屋主理論卻常常扯不清楚，或者是根本就擺爛不管。

　　因此，若運氣好，挑選大地震後蓋的新房子，理論上防震要求應該比較嚴格，若能配合尋覓信用較佳的建商，或許住得安心，也能讓你平安地度過下一個大地震的考驗。

●筆 記●

蓋屋品質⑤：大師的名氣，得獎的肯定

大師，誰說的算？

　　說真的，建築界的大師，只有建築界知道。新莊就有某建案打著日本京都廳團隊的名號，但也許早就解散了，誰知道呢？

　　到底這些大師是不是大師，或者是真的是大師，但是怎麼設計這個建案，通常建案廣告也只會說這結構是誰建築設計的，或是某某工程顧問，更誇張的是有些連顧問公司都說不上來，只說與某某建案同級的顧問公司。

　　如果真的沒什麼名氣，就冠上什麼國家金獎，反正只要金獎，管你是阿貓阿狗的就是專業、品質的保證，即便這個國家金獎可能是買來的，誰會去查證呢？

專門讓你花錢買獎的單位

　　筆者以前就碰過有朋友打來詢問，說接到一個名稱類似於消基會的民間團體，前來兜售金銀等不同層級的獎項，感覺是詐騙公司。經過初步暸解，就類似於銷售獎項的公司，花個10萬、20萬，就可以獲得一個獎項，讓業者可以打著得獎的名號對外行銷。

　　當然名義上還是需要經過一定門檻的審核，可是標準應該也不會很高。如同建築業也有類似的獎項，得獎的公司遍布整個產業，但是很多建設公司實在是沒那麼好，如果只就形式上來審查，可能都說得過去，但是類似於金質獎的這種名號，怎麼可以亂頒呢？根本就是當作欺騙消費者的共犯。

　　現在有錢的家長也是很愛用錢買發明獎，只要去國外租個昂貴的攤位，主辦單位多少會頒發個獎給參加者，不管是金質獎、銀質獎、大會特別獎等。這些得獎者可以拿著獎項在臺灣創造一些新聞，也希望能在推薦甄試中贏得不錯的分數，帶著學生參加這類獎項的學校，也可以達到招生的宣傳效果。只是，這些空虛的結果，對於發明的實質內容卻沒有什麼幫助。

　　別看重這種虛無縹緲的獎項。

全部大師設計，還是大師只負責簽名收錢

　　回頭來看看，就算是大師設計的房子，說穿了也可能只是局部設計，或者是掛名某大師的事務所，但還是由菜鳥操刀。畢竟真正的大師收費必然不低廉，除非這個案子真的是建設公司要做口碑的代表作，否則一般平民老百姓的房子怎麼可能那麼好命呢？

　　所以有時候看到打著大師名號的房子，怎麼外觀也沒什麼特別，說不定只有設計大廳，其他部分參考一下其他美麗外觀的建築，不斷地複製就可以成功，像是這一波就很流行崗石建築，一堆圓形拱廳在三峽、淡水等地，甚至於蔓延到全省，變成相當常見的建築外觀，一點也不特別。

　　總之，這些大師名氣、得獎肯定，聽聽就好。

居住環境①：福地福人居

陰陽兩世相對望

　　所謂「福地」，指的是附近有一群比較早離開人世的朋友，居住在建案附近，尤其是山坡地、田野間，更是常見的一個景象。大多數生長在這片土地的人早就見怪不怪，例如某信義區的豪宅打開窗戶一看就是信義區最昂貴的福地，這些豪宅客可不覺得住在那兒有什麼問題。筆者也有親人住在豪宅區，不過不是豪宅，是對面山頭的福地。

　　有些人對此還是有所忌諱，覺得看到福地，感覺有些陰森陰森，或者是開車回家一定會經過一大片福地，這些經歷讓人晚上比較不好睡覺，能避免就避免，筆者就是這類型的人。所以只要看得到福地的建案，絕對不看第二次，大筆一揮，列為拒絕往來戶。

遠眺福地

　　有一次到鄰近三峽某高速公路第一排的建案，雖然離高速公路非常近，聲音非常吵雜，但憑藉著沒有高樓擋住景觀，可以遠眺美麗的平原美景，還特地將浴室打造成景觀窗戶，邊泡浴缸還可以享受外頭的風光。

　　只是筆者模擬在浴缸的感覺，往外一看，怎麼對面山頭隱約有著熟悉的福地，仔細一看，還真的是一小片。當下臉色一沉，就不打算往下看下去，怎麼會搞個沿著視線看出去就直接是福地的景觀浴室。代銷業務看到我的臉色不對，問了一下原委，居然說了句：「福地福人居，看到福地會帶來好運氣。」還真是讓人心動的解釋，只是無法打動我。

最安靜的鄰居

又有一次跑到深坑看房子，有飯店、美麗的公共設施，一切外觀是那麼的美好。可是，早就聽說這個建案的旁邊就是福地，而且就在旁邊的整片山坡。筆者仔細地端詳四周怎麼都找不到，難道是資料來源錯誤？

還好沒有近視，果然在最大坪數那一棟的旁邊，隱約之間看到整座山坡的福地，大概距離不到15公尺吧！為什麼一開始會看不到呢？因為建商種植了一些花草樹木及大幅廣告擋住了視野，如果被買屋者發現，就再說出一樣的話：福地福人居。

周杰倫的媽媽在淡水「台X灣」買了一間房子，交屋後才發現從陽台望出去，原本以為是綠地的地方，竟然是一片亂葬崗，於是與建商打官司但敗訴。周杰倫力挺媽媽，雖然花了2,800萬元，但就是不再住了。只是周杰倫有這種氣魄，一般民眾恐怕沒有那麼深的口袋，還是要問仔細啊！

習慣就好

筆者從小就住在臺北縣立殯儀館（現新北市立殯儀館）附近，雖然距離有900公尺遠，可是當年附近沒什麼建案，就幾個老舊公寓，住久了也算是習慣了。說有什麼負面影響，好像也沒有，只是對於人生無常有著更多的感觸。

更讓人訝異的事情，是這棟建築物附近就是夜市，人潮依舊洶湧，出了夜市的入口往右邊一看，就是該建築物的配合商店，一應俱全，長久下來，倒也是相安無事，聽說有意搬遷到別地，但應該也不會影響房價太多，只是少了些對人事無常感嘆的機會。

居住環境②：現場自稱要移民的屋主

移民加拿大的老梗

　　有一次開車經過國道二號桃園交流道附近，一時興起約仲介陪同下看一間精品小套房，一進屋內，居然屋主也在。整體而言，房內裝潢也非常優雅，質感算是相當不錯，只可惜西曬。

　　屋主一路陪同我們看房，還不經意地透露出她最近將要移民到加拿大，所以這間房子沒有使用上的需求，才忍痛決定售出。如果是早期又年輕的我可能還會非常的羨慕，住在這間房子的屋主居然能夠搬遷到好山好水的加拿大，真是有夠「好野」，心中接著會推論成能住在這間房子的人，非富即貴。如果我能夠住在這個社區，相信有一天也能移民出國。

　　但是，房子看久的筆者對於這種說詞已經麻痺了，因為無論是哪裡的房子，一堆屋主都是要移民，要不然就是升遷因素而搬到其他縣市，每個搬家的人都是非富即貴，感覺臺灣隱約存在著一股逃難潮，照比例推算下去，臺灣少子化的問題應該不大，移民潮人數過多恐怕才是一大問題。

　　從《黑心建商的告白》一書，也看到這位沙場老手揭露這種假冒移民、調到外地工作的手法，掩飾賣方是投資客的事實，甚至於還弄些衣服掛在衣櫥，擺些舊的家具佯裝住了很久，其實都只是騙取購屋者出手的說法。

　　這種老梗，真的聽聽就好。

投資客的裝修術

大多數你看到的房屋如果裝潢很漂亮，有一個人在裡面住，心裡就要懷疑一下這間可能是投資客的房子，如果是新建案，大概你買完這間，屋主就會搬到隔壁去變成你的鄰居。說不定下次見面的時候，還可以請教這位鄰居什麼時候才終於可以搬到加拿大？

投資客所做的裝潢一定是好看又便宜，但耐久度不夠，例如地板品質會選用好看，但1、2個月就見到刮痕且不耐撞的木板；馬桶的品牌是類似歐洲品牌，但又很難查到來源的不明大陸貨。

投資客的說法一定是重裝潢，但應該加一句重度爛裝潢，看似100萬，實際只有花20萬元，甚至是為了掩蓋壁癌等瑕疵的裝潢。雖然可以省去一筆裝潢經費，但短期內大概就因為品質不良而損壞，建議還是自行花費裝潢，至少品質比較能自我掌握。總之，對於這種自稱要移民的屋主已經不具有可信賴性，對於這些人要賣的房子可是要特別小心喔！

前次什麼時候移轉？

要瞭解是否是投資客的房子，也可以參考一下房屋土地膳本上的前次移轉日期，如果是沒有多久前的日子，結果屋子內看起來卻是住了很久的樣子，這大概就是投資客了。

居住環境③：兩個紅綠燈到達

高架道路的便利與快速

　　市區如臺北市的房子貴到想罵髒話，買不起怎麼辦？當然就去買郊區的房子，雖然沒有捷運，但是開車上了高速公路再到臺北的精華區，居然也只要20分鐘。例如臺北市附近的七堵、八堵，還有信義快速道路過個山頭就到的深坑，是許多上班族的首選，甚至於從萬華到東區都沒那麼快，畢竟市區交通紅綠燈多又常塞車。筆者的親戚在臺北101上班，就看過這幾個地區，最後落腳在深坑，即是一例。

　　許多建商會用時間來強調與臺北市很接近，如20分鐘到信義區，距離大概就是30公里以內；比較好笑的是「兩個紅綠燈到東區」，為什麼很好笑？因為從嘉義水上交流道，一路沿高速公路接上信義快速道路下交流道，看到臺北101大樓時，也是兩個紅綠燈。所以此一說法沒有太大的意義，因為高速公路上根本沒有紅綠燈，這種利用紅綠燈的數目來強調距離的遠近，只不過是廣告的表現手法。

不同時間進行實際測試

　　因此，建商有關時間的廣告就要小心求證，例如20分鐘到信義區，可以先搭乘建商提供的接駁巴士，測試看看所花時間是否真的是20分鐘，如果不是20分鐘，原因為何？距離很遠、常堵車，或者是還有其他的原因。

　　在八堵附近的幾個建案，筆者曾經在晚上10點測試過該區某建案到達信義計畫區的時間，在正常速度行駛下（高速公路時速90公里）與建商所稱的20分鐘差不多，只大約晚個5分鐘。

但是，又有一次在假日的下午4點左右測試，結果大部分的時間花在排隊等著上高速公路。所以，如果想要買這類型的建案，可以多找幾個時段實際開車測試，包括上班7點半、下班5點半，以及假日的下午4點左右的時間，至於其他時段，基本上不太會塞車，也沒有測試的必要性。

時間，不是選擇定居的唯一考量

總之，建案廣告很喜歡打交通所花的時間，因為時間愈短，也代表與市區更接近，甚至於是同樣的生活圈。明明是遙遠的郊區建案，卻還是能與市中心扯上關係，固然現在交通網四通八達，但是除了交通，好的生活環境還有許多因子才能夠組成，例如便利商店、學區、安全性、住戶水準等因素，都影響著整體的生活舒適性，而非單單只有考量交通這個因素。

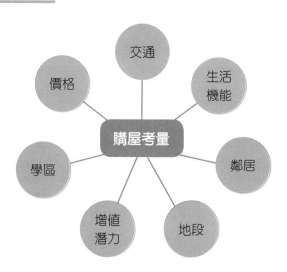

居住環境④：5分鐘到捷運

時間與距離的魔術

5分鐘到捷運，聽起來不會很遠吧！

5分鐘300秒，每秒2公尺計算，大概是600公尺。雖然不像捷運共構一出捷運站就到家，但是散散步也能有益身體健康。

錯！所謂5分鐘，是騎摩托車5分鐘。以市區正常騎車的速度30公里來說，大約是2.5公里，那距離就很遠了，而且這種計算方式還不包括紅綠燈，中間可能相隔了7個紅綠燈，每個紅綠燈停等30秒計算，到捷運站的時間可能要花個快10分鐘的時間了。大家就可以發現在廣告的掩飾下，「捷運生活圈」的深層意思是多麼的廣闊了。

社區巴士是交通命脈

如果社區很遠，也沒什麼公車可到達，或者是有公車，也是久久一班，一天六班，連計程車都懶得開上來。住戶又不是人人都會騎摩托車、開車，社區巴士就相當重要。現在只要在號稱捷運生活圈的房子，即使遠在河堤邊、山區，基本上10分鐘也可以到捷運。怎麼算？紅綠燈不要算，以時速120公里計算，10分鐘可以跑個20公里，就算以時速60公里計算，方圓10公里也都可以算是捷運生活圈；再有良心一點，算進去這個紅綠燈停等時間，3公里好了，這個範圍也是相當廣泛。

反正想盡辦法與「捷運」兩個字搭上邊，就比較好賣。

成本較高的社區巴士

例如廣告可以這樣說「捷運宅」、「河堤景觀美景」，其實根本是地處偏遠，但就是有許多人衝著10分鐘到捷運站的噱頭，還是傻傻地掏出錢來買，而且還是高價買，新店河堤邊就很多這種房屋。

講到社區巴士，就必須要提醒如果社區巴士屬於社區所有，成本並不低，而且巴士過了幾年也要換新，換新的時候又是一筆成本，例如600戶的社區，至少也要有2台社區巴士，加起來可是一筆相當可觀的數字。若不願花這筆錢，以後社區巴士恐怕就不復存在。

也有的社區是聯合僱用巴士業者，提供短途搭乘的服務，但常見附近的建案逐漸都蓋好，乘客變多，品質上相對也會比較沒有剛開始來得好。正如同很多社區管理委員會的委員最常掛在嘴邊的話：<u>不要錢的，多多益善；要錢的，爛命一條</u>。所以別省錢省到最後，讓社區巴士消失，只剩下一般公車了。

尖峰時間也只有一班車，下班還要等半小時……

居住環境⑤：加油站在旁邊

桃園油氣外漏事件

　　據媒體報導，桃園縣中壢過嶺加油站在2009年8月間油氣洩漏，污染附近地下水源，19戶居民於2010年間向桃園縣政府申請損害賠償調處，最後轉送環保署「公害糾紛裁決委員會」申請裁決、要求業者賠償。

　　環保署經雙方同意，首度採用鑑價機制，鑑價結果指出，該社區沒有交易紀錄可直接證明房地交易價值貶損，但參考鄰近地區房地交易價，即使不計入污染、清理或整治費用，僅「心理因素」導致的房價貶抑率也達7.5%。據此鑑定結果，判定業者要賠償附近居民房價下跌損失新臺幣336萬元。

　　該裁決書參考實務對凶宅價值減損的判例，因事故造成的房地跌價，並不會在房屋回復原狀後恢復；即使加油站已清理污染，仍須賠償房地貶值。雙方若不服裁決，可於二週內向桃園地檢署提出民事訴訟。

　　業者對此反駁表示，雖然當時19戶民宅經房屋鑑價的確有下跌，但隨著控制場地解除，應可恢復至市價水準，不致造成買賣損失；且未侵犯該社區住戶身體健康與財產權，居民也提不出具體事證，房屋在污染期間沒有買賣，「哪來的房地產價格滑落」。此一裁決將導致業者未來面臨大量相類似的訴訟，徒增營運上之成本。

看房子，不是只有看房子

看房子只看房子內部是不夠的，還必須把附近的環境搞清楚，例如是否有學區？學區的好壞？附近有沒有公園或休閒設施？有沒有遊民常在附近閒晃？或者是有沒有嫌惡設施？

加油站屬於嫌惡設施的一種，其他如瓦斯槽、高壓電線、手機基地台、神壇、停車塔、家庭加工廠、夜市、屠宰場、垃圾處理場、殯儀館、火葬場、公墓、污水處理場、機場、高價捷運等均屬之，如果真的要買附近有嫌惡設施的住宅，記得可以作為殺價的籌碼。

網路看屋：讓你找房子更有效率

新科技看屋

目前有房屋仲介網站推出720度實景看屋。簡單來說，類似現在智慧型手機的全景照相功能，可以將標的房屋室內繞一圈來看實景，但並不是每一間都有720度實景看屋，有些則是有「影音看屋」，不再只有單純的照片，還派專人到現場錄影，效果更為真實，筆者認為比720度實景看屋有更佳的吸引力。

現代人使用手機成為主要的上網工具，只要上網搜尋各家房仲業者，就很容易找到方便的app小軟體，馬上就可以線上找房子，有照片、地圖以及其他細節資料，甚至於可以在地圖的模式找到附近有哪些待售的房子。

與 Google 街景系統結合

因為Google街景與地圖定位的服務目前還是免費的，有些仲介業者將房屋地址與Google街景相結合，也是一樣不需要到現場看房子，只要點選待售物件就可以看到附近的街景，而且只要有拍攝的地方就可以不斷地延伸。

這樣子的街景服務是很有幫助的，因為街景的拍攝並沒有特別的預先安排，所以可以看到很實際的景象，也許有人在路邊灑尿、機車擺放很雜亂、2樓有人光著身體，都會隨機地被拍攝街景的攝影機所擷取，也大概可以瞭解附近環境的概況，並初步判斷附近居民素質與環境品質。

線上真人解說影片

　　某房仲也有推出真人線上以影片方式介紹房屋，又是另外一種協助看屋的方式，以真人介紹、有如拍攝節目的方式，透過人與人的對談以及現場景觀的拍攝，讓看屋者能在看完一段影片後大概知道該物件的概略情況。

　　看這些影片還真的蠻輕鬆，雖然拍得不是很專業，但是因為拍攝的內容很全面性，從附近環境、公共設施、附近景觀、交通情況、內部陳設等內容，都透過真人的解說而能有詳細的認識。

　　這種介紹的方式，輔助前面與街景系統結合的方式，又可以完整地瞭解附近環境的情況，物件內部與外部交通環境都可以完整呈現，對於仲介、買方的時間、交通成本都可以大幅度的節省。

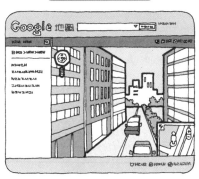

Google 街景

上網看日本便宜中古屋

日本人不喜歡的房子可能是我們喜歡的樣式：

> ① 日本人的舊房子因為隔一段時間就會大整修、拉皮，因此老房子的外觀依舊像是新房子一樣，但可能是地震頻繁，日本人並不喜歡舊房子，我國民眾並不排斥舊房子。
>
> ② 其次，因為天氣寒冷，日本人比較喜歡東西向房屋，與我國比較喜歡南北向有差異。

所以在日本如果挑選老房子、南北向，價格應該會比較合理；另外，日本不動產持有成本很高，加上人口減少速度很快，即便是大都市都有很多便宜的好房子出售；如下圖，尋找日本仲介網站，福岡博多的中古屋價格從便宜到昂貴，第一間圖片如下：

圖片：athome仲介網找到的中古屋

　　如前頁圖，低於400萬日圓並非特例，而是非常常見。

　　如果以房屋價格320萬日圓來看，相當於新臺幣不到80萬元，以我長期觀察日本房屋的經驗，熱門地鐵站周邊的中古屋房價，價格上仍然有持續走低的趨勢；商人善於買低賣高來賺取其中的利差，同樣的道理，目前臺灣房價高，日本房價低，如果工作屬性可以遠端連線工作，在日本買一間房子，搭配國內或東南亞短期住宿，只要網路維持通暢，就可以實現一邊旅遊、一邊工作的夢想。（旅遊簽證有時間限制）

　　以日本而言，我比較喜歡日本九州的福岡，與臺灣距離最近，只要2個小時的飛機航程就可以到達，最熱鬧的博多與機場只有2站地鐵的距離，也就是說從桃園機場出發後，大約3個小時就可以回到日本的家；相較於東京、大阪大概要6個小時來說，可是節省了大約一半的時間。

　　不過，持有日本不動產要注意成本，每年稅賦遠比臺灣高出甚多，而且若是想賣也未必那麼好賣，如果買了但是很少住，房子空在那邊，也只是替日本繳付稅金罷了，仍應審慎考量。

第四篇

買到合理的價格

小市民上菜市場買菜會殺價，甚至於有些人到百貨公司還是繼續殺，但很奇怪的是，到了房屋買賣的階段，殺氣就沒有那麼重了。歸咎其原因，可能是1年只有買1、2次房子，沒有那麼習慣。

本篇文章，將針對價格的部分提供一些觀點，買屋之前一定要看，因為建立談價格的正確信念，以及到底可以殺到多少的價格有了概念，殺價也就變成了理正氣直，也當然有了老手的氣勢。

 相關網站

內政部不動產服務業資訊系統 - 不動產經紀業
https://resim.land.moi.gov.tw/Home/PriIndex
內政部統計處 / 內政部統計月報
https://www.moi.gov.tw/cl.aspx?n=4412

從謄本推算房價

謄本貸款計算方式

　　臺灣資金氾濫，房屋價格不斷創天價，某日電台報導信義計畫區的房價已經來到二百六十幾萬元。可是實價登錄網站的資料還沒有出來，為何能拿到這樣子的第一手資料呢？

　　很簡單，到地政事務所調閱「土地登記第二類謄本」，從「他項權利部」即可查看屋主的貸款狀況，一般來說貸款成數大約是八成，有時候政府為了打壓房市，特定區域的貸款金額無法超過六成，交叉比對當時的貸款成數，通常就可以回推出可能的原始房價與每坪價格。

　　如右頁圖，所顯示者為「最高限額抵押權」，擔保的範圍包括本金、利息、違約金等費用，所以會比貸款之金額加個兩成計算。所以回推實際貸款金額約需除以120%。假設是600萬元，貸款金額就推算出500萬元。

　　其次，再依據貸款成數八成，推算出房價大約是633萬元。

X（房價）$\times 0.8 = 500 \rightarrow X = 500 / 0.8$

二胎更急

　　如果屋主貸款到第二胎，甚至於第三胎，通常顯示這屋主應該有缺錢的現況，通常就有機會大幅度地砍價，以現金價來與之洽談，通常會有不錯的議價空間。

土地登記第二類謄本

土地登記第二類謄本（部分）
楠梓區清楠段 ██████ 地號

列印時間 : 民國097年12月01日15時08分

頁次:1

楠梓地政事務所 主 任 李波昌 　　本案係依照分層負責規定授權承辦人員核發
楠謄字第027469號 　　　　　　　　　　　　　　　列印人員：蔣金桂
資料管轄機關：高雄市楠梓地政事務所 　　謄本核發機關：高雄市楠梓地政事務所

＊＊＊＊＊＊＊＊＊＊＊ 土地標示部 ＊＊＊＊＊＊＊＊＊＊＊

登記日期：民國089年01月07日 　　　　　登記原因：更正
地　　目：建　　　等則：-- 　　　面　積：＊＊＊1,672.44平方公尺
使用分區：（空白）　　　　　　　　　　使用地類別：（空白）
民國097年01月　公告土地現值：＊＊＊18,000元/平方公尺
地上建物建號：共86棟
其他登記事項：重劃前：土庫段四小段 ██████ 地號

本謄本未申請列印地上建物建號，詳細地上建物建號以登記機關登記為主

＊＊＊＊＊＊＊＊＊＊＊ 土地所有權部 ＊＊＊＊＊＊＊＊＊＊＊

(0001)登記次序：0115
登記日期：民國090年09月20日 　　　　　登記原因：繼承
原因發生日期：民國090年02月05日
　所有權人：████████████
　住　　址：
權利範圍：＊＊＊＊＊10000分之119＊＊＊＊＊＊＊＊
權狀字號：
當期申報地價：096年01月　＊＊＊＊4,400.0元/平方公尺
前次移轉現值或原規定地價：
090年02月　＊＊＊＊17,000.0元/平方公尺
歷次取得權利範圍：＊＊＊＊＊10000分之119＊＊＊＊＊＊＊＊
相關他項權利登記次序：0100-000
其他登記事項：未蘭清地價，禁止移轉

＊＊＊＊＊＊＊＊＊＊＊ 土地他項權利部 ＊＊＊＊＊＊＊＊＊＊＊

(0001)登記次序：0100-000
收件年期：民國086年　字號：專楠字 ██████ 　　　權利種類：抵押權
登記日期：民國086年09月09日 　　　　　登記原因：設定
　權 利 人：台灣銀行股份有限公司
　住　　址：台北市重慶南路一段１２０號
債權額比例：全部 ＊＊＊1分之1＊＊＊
擔保債權總金額：本金最高限額新台幣＊＊＊＊1,800,000元正
存續期間：自086年09月01日至116年08月31日
清償日期：依照各個契約約定
利息(率)：依照各個契約約定
遲延利息(率)：依照各個契約約定
違 約 金：依照各個契約約定
債務人及債務比例：████████
權利標的：所有權
標的登記次序：0115
設定權利範圍：＊＊＊＊＊10000分之119＊＊＊＊＊＊＊＊
設定義務人：
證明書字號：086楠證字第009242號
共同擔保地號：清楠段 ████████
共同擔保建號：清楠段 ████████
其他登記事項：（空白）

土地他項
權利部
（抵押權）

【本謄本列印完畢】
前次移轉現值資料，於課徵土地增值稅時，仍應以稅捐稽徵機關核算者為依據。

高雄市政府地政處楠梓地政事務所

一間房子扒五層皮

仲介開的價格怎麼那麼高？

你有沒有發現，仲介在店面窗戶貼的價格感覺上怎麼那麼高？

當然囉！從仲介是賣方委託的角度來看，受人之託、忠人之事，當然要賣貴一點才能對賣方好交代。所以，貼在牆壁上的價格看看就好。接下來，筆者再提一位好友（小毛）的經驗，看看仲介是怎麼靠一間房子賺仲介費。

你買下來，馬上幫你高價賣

說真格的，仲介也實在很辛苦，房子要跟一堆人搶，但僧多粥少，有些人就是搶不到，如果好不容易有一個好的標的，當然要想辦法多賺幾次，於是乎就出現了一些奇怪的現象。

筆者那位好友小毛是公司老闆，在竹北市區租了間透天房子當辦公室，在承租的期間，房東一直換人，總計換了五位，而且每次都是同一位仲介服務。轉換之間，這間房子的價格也漲了不少。

仲介每次看到小毛就很熱情地喊著：「老闆！你一直租房子，那租金就可以繳房貸了，現在這位屋主想要賣，1,200萬元就可以買到了，一買到馬上幫你掛1,500萬元，現賺300萬元，省下原本的租金拿來貼房貸，一毛錢都不必多花就可以賺300萬元，你看有多好康……」

就這樣過沒多久就換了一個房東，聽說有些是賠售，但這位仲介還是很精明幹練，對著小毛又說：「老闆，你看這有多可惜，如果早聽我的話，這樣子隨便轉手就賺了300萬元，現在還有機會，你只要一買，我馬上幫你掛1,800萬元，保證你有賺頭⋯⋯」

賺了好幾次仲介費

仲介都是聰明的，肥羊不要馬上宰，等多生了幾隻小羊，到最後沒有價值的時候再好好地宰來殺。一間房子賺一次仲介費不過癮，賺好幾次仲介費才有搞頭。怎麼讓別人一買就願意賣？當然就要靠自己的手腕，利用人性貪婪的弱點，讓房價一步一步地炒高，就等最後一隻老鼠上鉤，只是誰又知道自己是最後的老鼠呢？

不殺價，愧對自己

仲介的說法真的是聽聽就好。再呼應本篇一開始，提到仲介牆壁上的待售房屋價格，總是那麼高不可攀，其實談價的空間都相當大，二成、三成都算是正常。想想看自己如果要賣房子，1坪預估成交價30萬元，你會開價30萬元嗎？

大概也加個兩成讓別人來殺，狠一點開個三成，然後說自己有百萬裝潢、絕妙風水，自己的房子就是比隔壁相同格局的還要好，絕對值得這個價值，仲介當然也是附和著說：所言甚是！就這樣，房價當然愈開愈高，遇到新手上路，當然把這種小羔羊活活地宰來吃。

> 遇到殺價高手，只求賺個業績
> 遇到傻傻菜鳥，爽賺差價！

買房子，就像買漢堡般草率？

買漢堡般地沒心機

有一次得知當年中原大學的教授在中和買了房子，一坪30幾萬，對於高知識分子如何買房子，好奇的我就順口問了一下：「買房子的過程有沒有什麼特殊的經驗，砍了多少價？」

這位老師回答還蠻鮮的，居然回答說：「我買房子就像買漢堡。」果然是很隨性的購物習慣，如同秉持女人買衣服的衝動，買屋之速度就如同換季特價時搶購衣服的速度，很多小細節哪有時間計較啊！

就筆者對於這位恩師的認識，似乎也不是那麼隨性，有些時候言談之中還會抱怨一下出國的團費貴了些，照道理來說應該不會一買房子就跟其他小市民一樣，馬上有了氣魄，覺得自己變成了有錢人，買房子就跟空中灑錢一樣，連灑了多少錢都不知道。似乎「青青菜菜買房子」就是一般人的寫照，與學歷並沒有太大的關聯性。

亂衝動，買到爛房子的機率大增

買房子，連專家都說會有衝動，不像是筆者，看房子總是挑三撿四，永遠很難順利地買到好房子，看到了喜歡的好房子，價格又有一段落差。對於小市民而言，小小的房子可以安身立命，當然要挑三撿四的，可不要沒長眼，買了個一堆弊病在其中的爛房子，那才是後悔莫及。

滿坑滿谷的好房子，慢慢挑吧！

所以，房子要不要好好地談價格？當然要。

漢堡，買的人說不定還會殺價，更何況是買房子。

筆者第一次買房子時沒有什麼經驗，只稍微砍了10萬元還一直覺得很感謝，但事後總覺得自己很笨，也難怪仲介嘴角上揚，感覺在偷笑的樣子，還用很勉強地態度說：「要殺10萬，這個房子價格不太好談，我儘量去幫你談看看。」當時筆者還一直表達謝意。結果當然是隔不到1小時，仲介就打電話來恭喜成交了。

算是多花了一些錢買了一些經驗，別人很努力的時候，要懷疑到底有沒有努力；別人很委屈的時候，真的未必很委屈。所以筆者後來開的價格總是比市價還要低一點，抱持著一個觀念：房子一大堆，只有愈蓋愈多，好房子永遠會不斷增加，石頭愈撿或許不會愈大顆，但是相對大顆的石頭真的是一大堆。

看穿建商的炒作技巧

拉高價格，出清低價房

如果單一建設公司在同一區域中有許多建案，則非常容易買到較高單價的房子，例如三峽地區某條路上有許多建案是同一家建設公司所蓋，剛開始的價格都是13至14萬元。

但是愈到後頭，為了能讓價格賣得更好，隨著整體房市的炒作，有些開價達到17至18萬元，後來更狠，號稱某一建案直接開到30萬元，其他周圍由相同建設公司推出的建案，推價更順勢拉升到20至25萬元，不管你多會殺價，殺個25%，也跟原本建設公司的開價差不多，照樣賺！

建設公司的想法應該是把其中一個價格拉高，一般的住戶比較建案的內容會感覺上蓋得都差不多，只是有的稱為劍橋、有的稱為哈佛，再來一個耶魯，以後可能還會有普林斯頓。買家挑選比較便宜的建案，以為自己是聰明人，買到便宜又大碗的建案，其實剛好跳入建商所設下的陷阱中，建商很容易地就把原先要賣掉的建案順利地賣掉了。最後高價的建案再慢慢賣，反正整體的資金也沒有賠，價格的彈性也就更低了。

而且七成左右的買家，眼看附近房價已經那麼高了，大多殺個一成或一成以下，都已經覺得賺到或者是對不起建設公司了，建設公司只要賺這些初次踏入「房市叢林」的小白兔就夠了。

其他在建設公司眼中「亂殺價」的高手，不賣就是不賣，寧願把房子留著賣給那些笨蛋，賣一間可是賺兩間啊！所以，這種拉高一個建案的定價帶動全部建案的成交價，這種炒作的基本技巧，任何人都很難跟大建商談價格，這也是筆者不喜歡購買預售屋的原因。

消費者的橫向聯繫機制

所以，筆者一直認為買方因為欠缺橫向聯繫的機制，所以透過出版的方式將這些聰明購屋者的比例提高，甚至於橫向合作（分享資訊、共同殺價），讓建商與消費者的籌碼達到一個平衡的狀態，這樣子才能買到合理價位的房子。

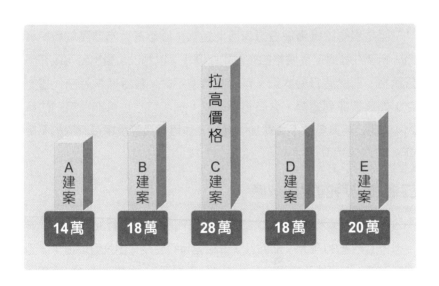

定錨效應

2013年4月11日，高雄市政府標售高雄市美術館區僅存的第一排大面積土地，由京城建設以溢價36%、總價42.71億元得標，換算每坪單價達到306.2萬元，創下高雄市土地的新天價。

這一則新聞，筆者的直覺與三峽炒作房價的方式類似，拉高一個，帶動全部，一般學術研究上稱之為「定錨效應」。

在《思考的藝術》乙書提到一個實驗，一群學生與一群房地產專家受邀參觀一間房屋，並被要求猜測房屋的價格。在估價之前，提供給學生與專家們一份沒有任何根據，由實驗者亂編的價目表。

實驗結果發現，學生會受到參考價目表的影響，當價目表上的價格愈高，推估的價格也會愈高，即便是另一群號稱專家的受測者，也有一樣的現象。所以，為何要推動實價登錄機制，主要的原因就是多一個機制，就多一個或許可以建立一套「比較公平」的價格參考機制。

但是也聽說過實價登錄有可能造假，據悉是買方塞點紅包給賣方，希望在登錄交易價格的時候可以灌水，以利於再賣出時可以有個好價格。對此造假的狀況，有認為機會不大，登錄通常是由代書為之，如果被抓到造假，會有高額罰鍰；其次官方也可能採用刑法第214條使公務員登載不實罪加以嚇阻，並且透過查稅讓造假的機率降低。

二樓廣告戶的定錨效應

很多廣告看板上會寫XX萬元起，譬如說一般開價36萬，結果廣告看板上寫著30萬元，購屋者就會跑去看看有沒有便宜可以撿；一到售屋現場，有可能已經賣完了（或許只是幌子），也有可能真的還有，通常就是2樓至4樓低樓層的房子。

對於這種比較便宜的廣告戶，你會殺價嗎？

這就像是我們在百貨公司買衣服，全館全面九折，花車上面的特價服裝既然已經特價就不會再打九折；這種既定印象已經深深地烙印在我們的大腦中，廣告戶像是百貨公司花車的特價品，當然就不會再殺價了。

但是，一般開價36萬，打個八折，變成28.8萬元，八五折30.6萬元，結果廣告戶30萬元，買到的價格也沒比較便宜，反而分到比較差的樓層。

所以，<u>即便是廣告戶，也是要殺價</u>。

適用於購屋談判：合理的定錨效應

如果談判價格的過程中，你是第一位出價人，就可以善用定錨效應。例如一間房屋市價是1坪25萬元，綜合賣方的相關資訊，初步判斷是可以殺價，你可以開18～20萬元一坪的區間。

或許讀者會問，依據定錨效應那為何不開個10萬元1坪，那成交的價格不會偏離10萬元太遠，結果不是更好嗎？

定錨效應的基礎在於「合理性」，假設賣方也不缺錢，你又一定要買到這個房子，如果開到1坪10萬元，恐怕就欠缺合理性而會喪失續談的空間。反之，如果賣方急需用錢，甚至於如果1天內沒籌到錢有人命喪失的風險，當然可以用絕對便宜的價格買到房屋。

先建後售，比較便宜？

先建後售的真正原因

有人說先建後售的房子通常是土地成本取得比較低，所以建商在比較沒有資金的壓力下，當然可以先建後售。從這個角度來看或許沒有什麼錯，但是筆者從另外一個角度來觀察……

銷售比較好的預售屋通常只看到銷售中心，還沒看到房子就應該賣到一定比例，甚至於賣得差不多了。如果是銷售中心直接設在興建完成的建案中，就是相對不好賣的房子，銷售人員以任何理由說賣得多好，實在很難讓人相信。

先建後售房屋的特色

以筆者的經驗來說，這類型的房子通常比較偏遠，或者是500戶以上的大型社區，當然價格的彈性也就比較大，銷售中心的大門隱隱約約貼著左右對聯，分別是「我很便宜」、「買到賺到」，橫批「不殺價是豬」。

不要以為現在北部地區的房市很熱，從仲介家數的變化來看，熱度比較強的是桃園、臺中地區，傳統熱絡的臺北市、新北市則持平，甚至於許多地區的建案可以用「門可羅雀」四個字來形容。如果又是大型建案，那根本就是雪上加霜，每一戶幾乎都變成是「地主保留戶」了。

難以觀察興建過程的品質

先建後售的房子還有一個重要的問題，根本沒有機會監工，要買這種房子，好壞除了一些細節的觀察與判斷外，主要是靠建商的良心。這時候如果是還沒有交屋的房子，可以看到許多工人，透過觀察工人的紀律來決定房子的好壞。

如果已經完全蓋好了，則建商的評價將是最主要的因素，要不然看看代銷公司是不是誠實的公司，通常不說實話，為了賺錢不擇手段的代銷公司，背後的建商也好不到哪裡去，東摳一點，西省一些，金玉其外，只剩下敗絮其中，別想有什麼好房子。要不然就只好等個半年、1年，大概很多房子的問題就浮現了，這時候再看這種蓋好了半年、1年新成屋，反而比較妥當。

這類型的房子跌價的機率很高，畢竟預售時有代銷公司全力銷售，整個銷售成績還是很悲慘，更何況是變成中古屋，沒有大筆的資金打廣告，房價自然是往下滑落囉！

再加上房價便宜，用料難免不太實在，久了外觀上更形髒污，內部結構、消耗品也是七零八落。筆者曾在青埔捷運站參觀某一建案，第一期已經看到許多鏽蝕，第二期游泳池上方的天花板居然大量掉落，如果要自住可能要好好考慮了。

跌價機率很高

從供需的觀點來看，既然賣不掉代表需求不高；需求不高的話，價格自然比較好談。所以蓋好還沒賣完的房子，理論上比較有殺價的空間。如果一般地段好賣相佳的建案，平常可以談價格一成到一成五，而賣相較差的建案，則至少從一成五起跳到三成，甚至於更高。

所以，如果要買這種先建後售的房子，不必跟建設公司或代銷公司買，因為除非有特殊原因，對於一般購屋者而非投資客而言，價格都比較沒有太大的彈性。反而是等著脫手出來的賣方，很多價格都非常好談的，而且通常附近的仲介一定有很多這種蓋好的房子等著出售。

從仲介公司家數來判斷「成交熱絡度」

仲介公司會開在哪裡？

這個問題很簡單，仲介公司賺的就是成交量後的抽佣。所以如果仲介公司眾多，代表從專業人士的眼光來看，這是一個「成交熱絡」的地區。以前機場捷運的青埔站，靠近桃園高鐵站，一坪12～17萬之間，算是剛要起漲的階段，只有一些小的仲介業者。

隨著「航空城」的議題逐步發燒，加上機場捷運逐漸開通，五楊交流道也順利通行，中壢大園地區快速熱燒，許多大型仲介公司開始進駐該區，代表當地有許多投資客進駐，成交熱絡，單價也飛漲到每坪30萬元左右。

註：我一直看好桃園青埔特區，主要著眼於搭高鐵只要十餘分鐘就到板橋站、臺北站，相當方便，目前桃園青埔確實有發展起來的徵兆，許多購物商城紛紛在此設立。只不過近期因為資金氾濫，房價稍高，如果想要購屋者可以等到升息發酵一段時間後再出手。

成交熱絡，不等於好價格

只是成交熱絡就代表好價格嗎？

當然不是。甚至於代表價格來到了相對高檔。

從仲介的立場，只著重於成交量，而非成交價。有了成交量才有利可圖，如果是房價過高或過低，導致失去了熱絡的成交量，反而對於仲介業而言不是一個好的徵兆。

所以，想要知道成交熱絡度嗎？走一趟房屋標的附近看看有多少家仲介商，就可以做出合理的判斷囉！

●筆 記●

利用仲介，探知底價

急著賺取佣金的仲介

仲介會告訴你可能買到的價格嗎？

當然可能，主要的原因是只要成交就有仲介費可以賺，哪管當初對於委託者的承諾。2個月沒開張的仲介，哪會管當初保證可以賣到高價，只要有賣出去，管你是低價還是高價，能賣出去賺到仲介費的就是好房子，就是好仲介。

偷偷說出底價的仲介

有一次筆者去鶯歌看一棟麗○建設蓋的大樓，鶯歌這個地方還蠻安靜的，離高速公路也不遠，那棟大樓又在火車站附近，而且不是靠近菜市場那邊，感覺起來安靜許多。參觀了房子與整個社區，除了公共設施看起來老舊了些，還有當地社區居民「自然」了些，其餘房子內部也都還算正常，望著窗外的景色，也算是適合退休的區域，雖然少了三峽北大特區的華麗，但也多了一些純樸感。

這時候問了一下怎麼賣，仲介好像從筆者誠懇的雙眼中看到我有些心動，便拿出資料翻了翻，報價說每坪17萬。面有難色的筆者心想這種開價還不如買三峽，但這一切好像都在仲介的預期之中，畢竟「大樓」在鶯歌並不是被接受的產品，通常買大樓的都是外來客，也有很多是把臺北的房子賣掉換這裡比較便宜的房子養老。

所以仲介使了使眼色，低聲說最近剛成交了一間，這邊的成交價格大概每坪13萬多，可以開這個價格，願意幫忙去談看看。

仲介與底價透露

　　從賣方的角度而言，仲介主要是替賣方服務，尋找買方、撮合買賣。仲介雖然知道底價，但如果透露給買方，將造成買方以底價購得，讓賣方無法賣得較高的價格，造成賣方損害，仲介是可能成立洩漏工商秘密罪、背信罪。

專屬委託

　　如果賣方簽立專屬委託，只能由單一一家仲介銷售，而非由多家仲介銷售的契約，價格相對來說會比較硬，也會偏向賣方的立場。如果是多家仲介銷售，仲介們為了搶業績，透露底價的可能性就大增，對於賣方會比較有利。

　　賣方市場其實並不需要大量仲介幫忙曝光，所以尋找一家可信任的仲介公司即可，以免太多仲介公司反而搞出一些晦氣的事情；只是仲介為了成交，很多時候不會真心地為你爭取更好的價格，在簽訂委託銷售契約時，可以明訂最終決定權在自己，並表示自己並非專屬委託，誰賣的價格高誰就勝出，替自己爭取最大利潤。

　　其次，一進去房子發現是新裝潢好的公寓，或者是這些裝潢的方式看似漂亮但材質卻很便宜，這間房子有可能是「投資客」購買後轉售。原則上，投資客賣的房子不要購買，因為可能隱藏很多問題，但投資客也不是每個都很黑心，如果你對於投資客賣的房子不排斥，則要知道一件事實，通常不太好從仲介口中得知底價。

　　因為投資客大多是仲介的衣食父母，仲介也不敢為了成交而亂透露底價，畢竟如果賣的價格都接近底價，聰明的投資客馬上就換掉仲介，仲介頓失房屋來源，那才真的是一大損失。所以，當對手是投資客時，買屋者會處於資訊的弱勢，更要特別小心別買到貴的房子。

網路鄉民的討論

小心網路謠言

　　三星網路行銷引發的「寫手門」疑慮，我國公平會對此展開調查，以瞭解有無廣告不實的違法行為。據悉，三星一直在臺灣僱用工讀生，在各大論壇上抹黑HTC，但卻查無實證。直到有一個稱為Samsung Leaks的網站，揭露三星跟子公司鵬泰行銷公司內部電子郵件，才把此一駭人聽聞面紗後的事實公諸於世。

　　簡單來說，整起事件就是三星有系統、有組織地利用網路寫手公諸於世，三星跟鵬泰公司僱用工讀生監控網路言論，捧紅自己產品，轉移負面新聞，抹黑其他對手（主要就是HTC）。

　　網路行銷行為已經非常常見，我們不敢排除不動產業沒有這種現象，畢竟你上網查想要購買的建案，一定會看到很多人在討論此一建案，而且會有兩派攻防的情況。筆者猜測應該跟此一事件類似，有利用行銷公司在網路上炒熱特定建案的行情，當然也要護衛一下該建案的房價。

結合鄉民的力量

　　對於惡劣的建商，我們當然要結合鄉民的力量將真話說出來。但為了保護自己，在說出真話之前請先備齊相關事證，在<u>具備真實性且符合公共利益言論</u>的基礎下，才不會涉及妨礙名譽的刑事或民事責任。

網路資訊值得參考

網路評價資訊真假難辨，但還是可以透過網路資訊發現很多該建案的缺失，甚至於是許多氣憤購屋者的經驗。例如某建案的看屋人認為該建案銷售人員過於現實，賣房子的時候就大哥長大哥短的，成交之後，要求什麼都不順利，眼睛突然從正常的鼻子上方長到頭頂上，讓該看屋人為之氣結。

也有某些看屋者分享附近有工廠，幾點到幾點的時間會有惡臭，或者是已經搬進去的住戶抱怨社區在凌晨5點時，旁邊的商家會開始大聲地準備做生意，讓人難以入眠。

聽到這些訊息，看屋者就可以在此一時段實際跑一趟看是否真的有這個問題，畢竟買房子的過程大概都會看個三、四次，白天去一下、晚上跑一趟，但要能做到每個時段都看到，還真是有其困難。

可是房子住進去就是24小時的長期居住，如果真的在某個時段有問題，無論是惡臭、噪音，或者是任何其他相關的問題，都可以透過網路上熱心的眼線，得知這個社區的相關訊息，以避免買到讓人懊悔的房屋。

遠離不合理的開價

每坪35萬，真的還假的？

　　筆者曾看過一個臺北的地上權建案，網路上查了一下相關新聞，有人刻意放了消息說現在成交價是每坪35萬元，而且700多戶中，僅剩下50至60戶還沒賣掉。這是一個基本的訊息，來源可靠與資訊是否真實與否不清楚，因為可能實際的成交價格才30萬元，但是這卻是一個可供參考的資訊，再配合從網路上取得房仲業者網站提供的「參考」價格，也頗為相符，所以可以先作為看房子的基礎資料。

看穿漫天喊價的代銷業者

　　這個建案已經交屋許久，到了現場，居然代銷公司還在賣，但卻聲稱早就已經賣完了，現在只是替舊有想要脫手的客戶進行服務，而且不收服務費。真是見鬼的說詞，明明網路上說這個建案有些滯銷的現象，1個月賣個一戶就不錯了，沒想到代銷公司的說詞這麼感人，這年頭連代銷事業都變成慈善事業，免費幫客戶脫手賣房子。

　　如果你相信這種鬼話，還真是沒有資格買房子，其實這些都是賣不掉房子時的冠冕堂皇的說法。反正，看房子就是聽代銷業者講鬼故事，多聽幾個故事對於精神刺激也有正面的效應，聽多了也沒感覺了。況且，要是少了這些代銷公司的鬼話，怎麼會有本書出版的機會呢？！

> 代銷業者還在，一定代表賣得不是很好。
> 代銷業者不在，只能代表代銷期滿。

怎麼最後一間那麼多？

　　結果這位代銷先生開多少錢呢？其自稱這個建案目前開價是45至48萬。夠誇張了吧！不管你多會殺，臺北市殺個兩成好了，也比行情成交價35萬還高。還有更誇張的，他說現在只剩下一間房子，沒有裝潢的空屋，但介紹了幾分鐘，忽然又說如果不喜歡，還有另外一間有裝潢的房子。

　　這種可以把房子猛然變出來的把戲可是銷售人員常用的伎倆，每次都說賣完，其實還一大堆空屋，每次都說最後一間，結果是拿出最難賣的那間，把購屋者當傻蛋。

　　當時的我抱持著反正聽聽你怎麼畫大餅的想法，就當作看戲一樣。然後我問了沒有裝潢的那間，照剛剛講的建議開價45至48萬，所以沒有裝潢的相較有裝潢的，照理說都在同一棟，樓層也差不多，應該比較便宜，結果這位先生居然開價48萬，這時候真的很想站起來為他掌聲鼓勵一下，整個邏輯錯亂還能氣定神閑，果然是人中之龍啊！

　　雖然對於此一建案頗有興趣，但是面對著絕對有陷阱的開價方式，才不會笨到去開價，如果砍個三成五，還要看他的臉色。當然回去看了一下仲介業，面向樓層比較好的，「開價」也不過40萬以下，只能說多比價一下，代銷公司的價格彈性通常都比較低，這也是筆者原則上不買預售屋，也不向代銷公司買的道理。

你敢砍50%的價格嗎？

參考各種因素決定砍價成數

一間房子該怎麼砍價比較合理？一成、兩成、三成或四成？

當然這跟談價格的對象、房屋的熱門度、新舊程度等因素有很大的關聯性。所以，賣房子的總會說還有其他組也有意願，20萬的裝潢號稱百萬裝潢。

但熱門這兩個字是創造出來的，在《思考的藝術》這本書中提到「稀少性謬誤」，裡面舉出房屋仲介的例子，當他看到買家有點心動，就會打電話給買家說：「有位倫敦來的醫生也看過這間房子，很有興趣，不曉得你是否還是有興趣呢？」這位看房子的醫生當然是仲介杜撰的，但確實讓許多買家心動買下。

> 熱門也是可以創造的。
> 砍價幅度，也不能都是相同標準。

代銷業者談價成數較低

筆者不太喜歡跟代銷公司買房子，因為都高高地開，等到購屋者大刀一砍，又給你擺臉色看，價格彈性比較低。

有一位朋友去某大型造鎮的地方看房子，18萬的房子開價12萬，代銷人員馬上委婉地請他回家，可是這代銷公司也實在蠻有彈性的，過幾天又打電話問是否可以拉高一點價格，還是希望有機會可以與這位客戶成交，這位朋友問筆者的意見該如何回應代銷業者，筆者說那就略為提高一下，每坪多個2,000元，而且「只有今天」。

　　所以，一般成屋的價格彈性比較高，曾經有兩次殺到開價的六成，大多是手頭缺現金、斷頭危機的賣家，但是很可惜地都只差幾萬元而沒有談成。<u>購屋要有個正確的心態，空屋一大堆，不要覺得沒買到而可惜，這間不行換別間。</u>

攔腰砍價的一大堆

　　筆者的親人在萬芳社區捷運站附近買了一間1,600萬的透天別墅，因為一些因素急著要脫手，透過仲介開了2,000萬，結果每個來開價的房客都是六成以下的開價，1,200萬元、1,000萬元，甚至於還有950萬元。

　　最後終於有一位房客開價比較「合理」──1,400萬元，最後以1,500萬元成交，在房市大好的這一段期間，居然還賠了100萬元，木柵地區即便有捷運及政治大學加持，仍然比不過殺價團的殺價功夫。<u>總之，砍價不要客氣，別為了不值錢的「面子」而與自己的荷包過不去。</u>

殺價探子

　　如果你真的很想要買某間房子，又不想要殺太多影響成交的可能性，可以建議找朋友代為先去大大地砍價看看，有如間諜一樣，先透過殺價來探知一下價格，即使沒有成交，也大概可以抓得出來對方的底線。

　　但如果是仲介，因為要簽約、拿出一些斡旋金，仲介才會替你去談，就比較不適用這招。但是一般代銷業者、自售屋，則可以透過這樣子的方式探知一下談價格的空間。

殺價的順序

先來談談筆者有一次買車殺價的經驗，目標買Vios 1.5E特仕車，定價50.8萬元（空車價48.2萬），所謂特仕車就是有些加值的東西，例如排檔鎖（感覺上品質不太好）、車身同色後視鏡蓋及LED方向燈（還蠻漂亮的）、遙控後行李箱等，多了2.6萬，感覺上成本沒那麼高，或許是變相加價的方式。

首先，我是先問保險，暗示業務人員認為可以退佣，車價商談的空間會比較大。接著再來談車價，因為先前已經聽說某一波可以殺價到5萬元的特惠期，沒什麼耐心想殺價的我，也想只要願意少個5萬元就心滿意足了。經過一番商談，也很順利殺了5萬元，外加買的是領牌車（業務人員先領牌賺業績的車），所以又可以再少2萬，總共省了7萬元。

接著我說要零利率。業務代表不太願意，因為當初降價的原因是以沒有零利率為前提的價格，如果加了零利率，恐怕業務能賺的錢會變少，但是業績就已經在眼前了，經過討價還價，多花了6,000元換來零利率，也讓我資金運用比較不會吃緊。

最後，再細談保險的部分，並要求一定的折扣（還是要讓業務賺其應有的利潤），希望能開出該折扣，否則只好向其他人購買。這時候業務通常會猶豫一下，因為利潤空間已經緊縮到很低，到底要業績還是要利潤的堅持呢？

反正，業務在思考了一夜後，隔天終於成交了。

買房子，殺價先遣部隊

　　通常我會請朋友先去刺探一下價格的底限，如果是一般屋主出脫，殺價可以從對半砍，不必客氣，對半是一個好的開始。如前文提到我親人賣一間捷運站旁的小別墅，開價2,000萬，居然一堆人只開900多萬、1,000萬元，其目的通常是碰運氣，如果有碰到缺現金的賣家，以不到六成的價格買到房子的機率很高，以我個人的經驗，大約有5%的機率可以碰到令人驚豔的成交價。

　　尤其是這種缺錢的當事人，現金價可是很吸引人的，因為可能3天內就急需現金入袋，放高利貸的正在外面等著砍人，刀子已經架在脖子上了。只是價格低，就更要小心一些購屋的程序，是否會發生錢交出去，結果房子的權利卻發生問題。

現在不買，明天更貴？

最近將會大漲！

　　賣房子的最喜歡說現在買比較便宜，過幾天建設公司就要調高售價，只能替你保留3天，要趕緊決定，要不然就是說現在房價上漲，聽說○○區已經漲到XX萬元。

　　這些說法就是炒作房價的基本功夫，讓有興趣的購屋者覺得能以現在的賣價買到就是賺到了，比較老實的購屋者聽此說法，可能還不敢殺價。不過有些國家購屋沒有殺價的習慣，甚至於行情好的時候，還真的要排隊才能買到房子。

誠實的銷售人員很少見

　　筆者曾經到楊梅看一間廣告很久也賣很久的別墅，與代銷小姐有著這麼一段誠實的對話：

● 代銷小姐：現在買這個別墅建案的房子，真的比較便宜！

● 筆者趕緊問說：怎麼說比較便宜？

● 代銷小姐回稱：以前來買的時候，預售屋還要快30萬，現在1坪只要17、18萬……

　　筆者這時心中實在很三條線，心中想著那不就代表這房子毫無增值空間，再過幾年可能變成13、14萬。果不其然，晚上去一家代銷小姐推薦的店家享用晚餐，心想既然推薦一定有其奧妙之處，果然那家店真的很好吃。吃飽了撐著，老闆也閒來沒事，在門口與我哈拉！

「老闆，我剛看房子，代銷小姐還特別推薦你們這間店耶！」筆者套了個關係。

老闆瞪大了眼睛說「那一定是×小姐，我有跟他們買溫泉宅。」

這時我的購屋敏感觸鬚又出來偵測了，問說：「老闆，那你時候買1坪多少錢啊！？」

只聽到老闆一臉心酸地娓娓道來：「當初買的比較貴，後來解約後重新買，1坪大約是17、18萬。」心中想起代銷小姐說，現在坪數比較小的溫泉宅（大約30幾坪），每坪開價才15萬元左右。

天啊！真是無量走跌，解約了再買竟然還是比較貴。只能說地點不好，只有下跌的命運。

改名字的建案

還有一次去暖暖看「臺北××」建案的經驗，可是印象中之前的名字是英文「Funxxxxx」不是「臺北××」，像是這種改名的建案，很高的機率是因為賣不好，所以看能否改個名字轉個運，或者是取個與臺北有關係的名稱，就可以變成臺北生活圈。

所以，只要發現建案改名，如果最後決定要買，不要客氣地給他殺下去。否則，就等一下，過了幾年通常房屋都會跌價，到時候再買會買在更合理的價格也說不一定。（該建案過了好幾年，2013年還在報上看到售屋廣告，甚至到2019年還能看到社區與建商間的糾紛新聞）

別簽下充滿陷阱的契約

口說無憑，契約為證。

契約是買房子最重要的關鍵，或許是一般民眾對此不太瞭解，總是隨手簽簽了事，出了事情根本就難以解決，甚至於還要打官司才能處理。所以，買房子的流程是什麼？其中牽涉到何種契約關係？有哪些問題常發生？本篇將替你揭開契約的神秘面紗。

本篇大綱

斡旋金契約與要約書

對買賣雙方權益差異不大

　　斡旋金契約與要約書，兩者都是確保雙方對於房子的價格達成共識時，買方就應該要履約的一種意思表示，對於買賣雙方權益並沒有什麼太大的差異。只是斡旋金契約通常都是仲介業者自行訂定，對於買方通常不是那麼有利，再加上業者常常會解釋成對己方有利之結果，導致糾紛頻傳。要約書，則是代表買方說我要用ＸＸ價格買Ａ屋，如果你同意（承諾），那我們就成交吧！。

　　為此，內政部特別制定了範本（如不動產委託銷售契約書範本），各縣市不動產仲介公會通常也會依據此一範本，印製「買賣議價委託書」或名為「購屋要約書」，供第一線仲介業者使用。

　　但是買方也不要認為要約書對自己就比較有利，反悔的時候可以不必給付一毛錢，這是錯誤的觀念，事後反悔不買，還要賠償買賣價金的一定比例，假設簽訂的比例是3%，這可是相當高的金額，以1,000萬的房屋而言，就是30萬元。

斡旋金偏向保護仲介

　　至於斡旋金契約的部分，名稱相當多，還有的稱之為「出價保證金臨時收據」，無論是哪一個名稱都是一種希望仲介代為向賣方洽談買賣契約，為避免買方事後反悔，造成賣方與仲介的困擾，故須給付一訂金額以表示誠意，若事後反悔，通常會有沒收斡旋金之結果。

但是這筆錢卻是在仲介手上，常常房屋沒談成，仲介依舊不還給買屋者，「盧」到雙方價格談成再說，這也引發很多爭議與抱怨。

斡旋金契約與要約書，兩者之內容與法律效果不同，究竟採取何一方式應由購屋人選擇決定，且購屋人相對於不動產經紀業者在相關資訊方面乃處於明顯弱勢地位，故仲介應告訴購屋人可以選擇簽署要約書，還要明確說明二者的區別，並宜以書面方式告知，俾使購屋人得確實、充分瞭解斡旋金與要約書之區別與替代關係。

假如仲介利用優勢地位收取斡旋金而未充分揭露資訊，提供消費者選擇採用要約書之機會，屬公平交易法第25條所稱之足以影響交易秩序之欺罔行為。例如曾有家Ｘ不動產商行於從事房屋仲介交易提出斡旋金要求時，未告知購屋人斡旋金契約與內政部版「要約書」之區別及其替代關係，就被公平交易委員會裁罰20萬元罰鍰。

總之，既然有兩種格式，當然選擇內政部的「要約書」範本，對於契約雙方當事人並沒有太大的差異，而斡旋金契約通常是對仲介業者較為有利，當然要選擇「要約書」範本囉！

相關法令

公平交易法第25條
除本法另有規定者外，事業亦不得為其他足以影響交易秩序之欺罔或顯失公平之行為。

不動產買賣流程

　　一般而言，不動產買賣流程可以分成四個部分，分別是簽約、用印、完稅，以及交屋，通常都會委請仲介或地政士（早期稱之為「代書」）協助辦理，所以有關程序只要概略知悉，通常不會有太大的問題。

簽約

　　這是最重要的步驟，仔細看條文、理解潛在性風險。

用印

　　簽約與用印是同時完成的，通常會委請地政士協助確認賣方印鑑證明及印鑑章是否相符、證件是否齊全，也會向買方收取相關證件。

完稅

　　繳納相關稅金前，與地政士確認塗銷賣方貸款所需金額，並確認銀行可以核貸之金額。再依據契約分配稅款的內容，買賣雙方繳納相關稅款。相關稅款均繳納完畢後，地政士即進行過戶及貸款手續，通常會要求買方開立與尾款金額相同之本票，以擔保尾款之確實給付，兌現之日期可設定在交屋後3日內。

交屋

　　買方交付尾款並完成點交程序，雙方在仲介的陪同下確實檢視房屋狀況，並且一一明確地確認所有細節。交付尾款的同時，應將前開擔保尾款的本票及其他相關證件取回。

● 地政士，即是早期的「代書」。

委託可信賴的人辦理

上列流程只是基本的內容，各個項目的細節甚多，也相當專業，如果委請仲介或地政士代為辦理，也要尋找可以信賴的對象，畢竟購買不動產的過程中有許多重要資料都交到別人的手上，如果碰到不安好心者，恐怕惹了一身麻煩，自己權益將受到難以回復的損害。

契約看仔細、證件清點清楚

契約是買賣不動產最重要的一個關鍵，本篇有介紹相關契約的基本知識，請記得要仔細查看契約；另外，辦理不動產移轉登記過程所須之證件、本票，也要確實點收清楚，小心才能駛得萬年船。

契約不看，被當傻蛋！

契約是確認雙方權利義務關係的基礎

契約要不要看？當然要看，而且要仔細看，尤其是預售屋契約內容，更是造成買屋糾紛的主要原因。

依據內政部所提供的契約書範本，諸如「預售屋買賣契約書範本」、「預售停車位買賣契約書範本」、「房屋買賣契約書範本」等，都要求建商或賣方必須給予買方5天以上的時間審閱契約。

戳破建商阻看契約的伎倆

然而，話雖如此，建商卻不太希望你仔細看契約，也許是擔心契約外流，上傳到網路讓大家公評才發現建商的契約是這麼黑心。

所以筆者聽過很多種阻止看契約的手段，諸如銷售人員可能會說，價格如果開太低就不能審閱契約，否則就不簽約；也有很多知名的企業以不把契約帶回去看就可以送小家電作為條件。當買方不看契約，建商還要求買方簽下已審閱契約的證明文件，以避免買方反悔，主張未給予契約審閱期而影響契約效力。

這些建商通常也不是小建商，在北部都是頗負盛名的業者。但是這種小動作，當然也讓筆者質疑此一建商的誠信，而且這建商都是蓋好才賣，也蓋得很漂亮，都是什麼花崗岩、名人代言；如果連契約都不敢讓客戶看，再加上施工過程沒有監工，恐怕施工品質很有問題，這種建商的房子恐怕是中看不中用，應該馬上列為拒絕往來戶。

堅持慢慢看契約

所以，銷售人員問你要不要看契約？答案很簡單，就一個字「要」。

　　除了要看之外，不能只在現場看，還要帶回家慢慢看，看不太懂沒關係，就一個字一個字慢慢地看，至少參考內政部公布的契約範本，比較其間的差異，並且找一些書籍資料，瞭解契約可能存在的陷阱，如此一來才有最基本的保障。

> 　　經過這一番說明，如果銷售人員給你兩個選項：⑴回家慢慢看契約；⑵贈送15萬元的家電，卻不能看契約。你會選擇15萬元家電，還是堅持要看契約呢？
>
> 　　答案很簡單，不但堅持要看契約，還一定要贈送這15萬的家電，再好好地殺個價。

相關範本參考資料

　　只要連上內政部不動產資訊平台（http://pip.moi.gov.tw/）點選「網站導覽/法規與知識」的連結中，點選「契約書範本」，裡面即有「預售屋買賣契約書範本」、「不動產委託銷售契約書範本」、「預售停車位買賣契約書範本」、「成屋買賣契約書範本」、「房屋租賃契約書範本」、「房屋委託租賃契約書範本」六種範本暨「預售屋買賣定型化契約應記載及不得記載事項」、「不動產委託銷售定型化契約應記載及不得記載事項」、「預售停車位買賣定型化契約應記載及不得記載事項」、「成屋買賣定型化契約應記載及不得記載事項」等宣導摺頁。

　　與本文有關係者，包括「不動產委託銷售契約書範本」、「不動產委託銷售定型化契約應記載及不得記載事項」。

以足額貸款作為契約成立的要件

嚴控購屋貸款成數

很多小市民想要買房子，但是自備款不夠，當然就要靠貸款，七成、八成，最好全額貸款，還能加個裝潢貸款，不必付一毛錢就能買到房屋是最佳狀況。可是事與願違，很多房子貸款不到那麼高的成數，小套房六成、七成就不錯了，如果是地上權房屋更慘，大概只有五成。

仲介看到購屋者很想要買房子，也知道你手頭的資金不夠，但為了成交賺取仲介費，口頭上說這間房子可以貸款到九成，可是實際上的意思是說：郭台銘買這間房子可以貸款到九成，或者是說平均一般可以貸到九成，但有些條件比較差的只能貸六成，你就是那種條件比較差的。所以，買房子一定要嚴控貸款成數，否則自備款不足，貸款成數又貸不到那麼高，違約可是很慘的！

貸款成數作為契約的條件

如果擔心日後貸款成數不足還要到處去籌錢的窘境，基本上可以在契約中加註「條件」，來作為契約是否生效或失效的依據。

第一種作為契約成立的條件，寫法如下：

> 若××銀行核准貸款金額為200萬元以上，本不動產買賣契約始發生效力。

或者是說讓契約先生效，但如果貸款金額下不來或成數不足時，則契約失其效力，其寫法如下：

> 若××銀行核准貸款金額不足200萬元時，本不動產買賣契約失其效力。相關貸款所生之費用與損失，由出賣人及仲介××公司（負責人：○○○）負擔。

前文有提到，淡水建案的某建商因應政府降低貸款成數到六成，願意自己掏腰包借款給購屋者那兩成，讓貸款一樣達到八成。但是，要特別小心這種借款的手續費很高，換算成利息恐怕是高利率啊！

委請仲介斡旋之特別注意事項

委請仲介與賣方談價格會簽訂斡旋契約或者是要約書，<u>只要賣方同意買方所提出的價格就成立生效</u>。這時候如果買方又提出很多雜七雜八的條件，賣方與仲介當然會覺得這是奧客，而且說不定賣方才剛推掉另外一位買方，搞半天就因為買方要求貸款達到一定成數，讓賣方失去另一個成交的機會而不同意買方的要求。所以，如果要以貸款達到一定成數作為買賣契約生效或失效的依據，都要事先與仲介先行溝通，並載明於相關斡旋契約或者是要約書。

相關法令

民法第99條第1、2項規定

附停止條件之法律行為，於條件成就時，發生效力。

附解除條件之法律行為，於條件成就時，失其效力。

不動產買賣契約的重點

一般市民購買房屋主要有兩種情況，第一買預售屋，第二買新成屋（中古屋）。購買預售屋所簽訂的契約要特別小心，因為賣方若是黑心的建商，契約條款陷阱非常多，陷阱條款所涉及的項目相當多，包括保固、瑕疵擔保、公共設施、點交、公基金等一大堆問題，也不是單一個人的問題。內政部有發布契約範本，但有照著做的建商少之又少。

新成屋（中古屋）契約的重點

先介紹一下新成屋（中古屋）契約範本，目前有相當高的一定比例是透過仲介業來進行買賣，契約書比較不會偏向賣方，也不太會偏向買方，問題通常不會太大。基本上，買賣契約書有幾個重點：

一、不動產標的與價金：

相關資料都要有權狀等資料作為基礎，再把內容填寫在不動產買賣契約，例如地段、地目、權利範圍、建物面積、附屬建物面積、付款日期等。筆者就曾經見過賣方因代書的過失而發生過戶的土地持分發生了錯誤，花了好大一番工夫才把問題搞定。

二、產權移轉：

如果透過仲介業購買，通常會由仲介業指定的代書辦理，如果是直接向屋主購買，則可以指定由特定代書代為辦理。

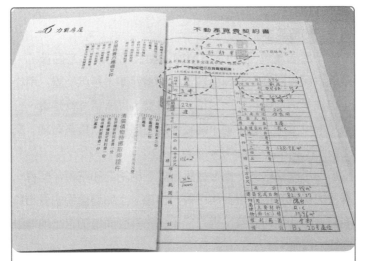

新成屋（中古屋）契約

　　契約的內容通常比較簡易，如果有其他額外的需求，可以加註條款在契約最後方，也通常會留一些空白處讓雙方加註條款，如果要加入的內容甚多，也可以增訂頁數。

三、擔保責任：

　　朋友委請力〇仲介公司購買的房子，其提供的契約條款：「乙方（賣方）保證本買賣標的絕無任何產權不清及其他糾葛情事、或任何他項權利之負擔與設定，如有上述任何情事，除本約內另有訂定外，均由乙方負完全理清責任。」

　　說真格的，這個條款內容尚有改進空間，而且只提到了<u>權利瑕疵擔保責任</u>，並沒有提到物之瑕疵擔保責任，但不要誤以為賣方不必負<u>擔物之瑕疵擔保責任</u>（漏水、海砂屋），因為依據當事人契約自主原則，原則上尊重雙方當事人的意見，沒有規定者，則依據民法規定。

四、稅費負擔：

(一)買賣契約書範本

中華民國萬萬「稅」，買屋的人都很怕在稅金方面被坑。依據行政院消保會所制定的成屋買賣契約書範本，是以交屋之前後為分野，也就是指地價稅、房屋稅、水電費、瓦斯費、管理費、公共基金等稅捐或費用，在土地、建物交屋日前由賣方負責繳納，交屋日後由買方繳納。

辦理產權移轉時、抵押權設定登記應納之印花稅、契稅、登記規費及火災或其他保險費等由買方負擔，土地增值稅由賣方負擔；如有延遲申報而可歸責於買方之事由，其因而增加之土地增值稅部分由買方負擔。

簽約前如有已公告徵收工程受益費應由賣方負責繳納。其有未到期之工程受益費由買方繳納者，買方應出具續繳承諾書（或由賣方繳清）。

(二)當事人約定

當然也可以由雙方當事人另行約定，譬如約定所有的稅費負擔通通都由賣方負擔，當然也是可以的，必定契約是雙方意思表示一致就好。在民法採取當事人意思自主原則下，原則上依雙方當事人的約定，沒有約定才依據法律之規定。

五、點交：

除了一般騰空點交、排除第三人佔用、水電設施的正常使用（物之瑕疵擔保責任）之外，必須注意的部分當屬該社區的住戶規約，對於買方還是有效。茲提供力X房屋的條款：「乙方將房地點交甲方後，有關該房地使用規則，例如依慣例使用之現況、住戶公約、大樓管理規章等，甲方均應繼續承受遵守，不得另做主張。」

　　舉個例子，社區規約約定住戶不得加裝鐵窗，買屋者認為這只能約束前屋主，與其無關，所以堅持要加蓋鐵窗。依據民法與公寓大廈管理條例之規定，購屋者還是要遵守社區的規約。

補充資料

【瑕疵擔保責任】

　　第三點之擔保責任，請參考本書第八篇中，有關民法法規之介紹。

契約審閱期：5天讓你看個夠

後悔簽約，怎麼辦？

購屋糾紛是全國消費糾紛中的NO.1。在預售屋糾紛中，不少糾紛是因為代銷人員嘴巴講得天花亂墜，在美麗的樣品屋中幻想著自己成為未來城堡中的王子與公主，接著又聽到現在不買就買不到，馬上簽約還贈送家電、裝潢，造成許多人在經驗不足的情況下，連契約都沒看到就簽約了。

購屋者回去想想又查了一些資料，考量到現實的交通、環境、資金等因素，猛然地就後悔草率地下定，但是建商可不是省油的燈，好不容易上鉤的肥羊怎麼可能讓你落跑？當然是拒絕退還訂金，甚至還沒收訂金而衍生許多消費契約上的糾紛。

不要衝動

因此，好好地看契約、慢慢地看契約是相當重要的事。

以前聽過一個脾氣很好的朋友，如何維持自己不隨便亂生氣。他在桌子上面都會放一杯水，當他很生氣的時候，在講話前會先喝一杯水，利用那一杯水的時間再次思考等下到底該不該脫口而出那些話，那幾秒的時間也讓許多不該說出去的傷人話隨著清水沖到了肚子裡去了。

同樣地，購買預售屋得以要求建商提供5天的契約審閱期，就好比是剛剛那杯水的效果，透過5天的審慎思考期間，好好地算一下自己的資金是否足夠，這間房子是否真的符合自己的需求，不要衝動，想好再簽約。

5天規定是權利

這5天是打哪兒來的規定呢？

因為在民法、公平交易法並沒有規定，只有消費者保護法第11-1條第1項有規定：「企業經營者與消費者訂立定型化契約前，應有30日以內之合理期間，供消費者審閱全部條款內容。」但30日長了些，實際上則是依據不動產經紀業管理條例第22條第3項「不動產說明書應記載及不得記載事項」，由中央主管機關定之。

所以目前是參考內政部公告「預售屋買賣契約書範本」暨「預售屋買賣定型化契約應記載及不得記載事項」中，有規範預售屋買賣消費者契約審閱期至少5日。

但目前不管是哪一種賣方（委託代銷公司、委託仲介業或自售等），都會提供最少5日的契約審閱期。既然政府機關有這樣子要求業者，正當的建商理論上應該也會遵照辦理，所以消費者也不要放棄自己的權利喔！

只是問題在於很多建商都不辦理，很多仲介都突然暫時性失去記憶，第一次買房子的小市民會知道這種規定才有鬼。很幸運地，為了避免紛爭而找了許多買房子的書籍，看到這裡應該知道要看一下契約，可不要被逼在現場看完，因為現場的回答一定是模擬兩可、不著邊際，只以簽約為目的的回答，對購屋者絕對是不利的。

訂金：被沒收的一半訂金

撰文者：林豆豆

　　姊姊在外租屋10年，花費也算不少，打從4年前，姊姊因為我的一句話：「租房子那麼久，如果多付一點錢貸款買房會不會好一點？」所以，開始一連串的看房活動。

　　剛開始，會在網路上尋覓適合自己的房子，姊姊的一句經典名言：「看屋就像選老公，什麼樣的老公會願意為他付出？付房貸會付得開開心心。」因為如此，房子看了將近上百間，但目標只有一個，可以充滿腦袋中想要編織的夢幻園地。

　　因為第一次買房，很多經驗上的不足，在第一次看到自己覺得很不錯的房子時，沒有經過家人的同意就倉促下了15萬元的訂金，結果被家人否決，而且那時也沒有仔細地閱讀過合約書，沒有深思熟慮之下就簽了合約，當時那家公司還私自幫我們刻了印章，並沒有通知我們。

　　種種原因的累積，所以就決定要退訂，但是這家公司居然不想退款給我們，窮途末路之際，我們只好求救於「高雄市政府消費者保護協會」，裡面的一個消保官——鄭秋洪先生——幫助我們非常多。

　　我們在7天之中寄出存證信函給賣我們房子的公司，告知他們，我們不想買了，也蒐集了一些資料準備與他們訴訟，結果，他們還我們一半的簽約金，我們也算買了一個教訓，從此看房子更加謹慎小心。

【本書評論】

首先，訂金爲要物的從契約，指以確保契約之履行爲目的，由當事人一方交付於他方之金錢或其他代替物。實務上，常見當事人購買物品時，爲了保留物品的購買權利會先支付訂金。透過訂金的制度，讓給付訂金的一方爲了避免訂金的損失，願意履行契約之義務；取得訂金的一方，也可以取得最基本的保障。

因此，民法第248條規定：「訂約當事人之一方，由他方受有訂金時，推定其契約成立。」

另外，依據同法第249條第2款規定：「契約因可歸責於付訂金當事人之事由，致不能履行時，訂金不得請求返還。」所以本來姊姊是不可以請求返還，但通常買賣不動產事關重大，會有一定的猶豫期間，所以如果在該期間之內不想要買了，就可以解除契約，並要求返還訂金。

有關消費者保護單位，官方稱之爲消費者保護協會，中央及各縣市政府均有相關單位可以協助處理消費爭議，民間有一個很重要的單位，稱爲消費者文教基金會，兩者名稱相當接近，但是一個是政府機關，一個是民間機構。

同等級，但是價格差很大

同等級，價格也該「差不多」

　　預售屋簽訂的契約條款中，對於建材的品質當然要註明，例如××品牌××型號的馬桶、××品牌××型號的除油煙機，但是預售屋通常要蓋很久，等到蓋好了，到時候是否仍有該型號的建材，往往會有狀況發生。所以，契約條款中留一些但書、一些伏筆，如果無法提供原有的建材，仍得以其他同等級、同價值的建材來替代，倒也還算是合理。

　　只是有些黑心的建商，就靠著這個同等級的條款，提供並非同價值的建材，例如TOTO品牌的馬桶，品質比較好，即便外觀上不是非常炫，但價格卻不低；不肖建商為了省錢，往往會變動建材，改為大陸製造的產品，然後沒聽過的品牌。

　　反正只要品牌名稱很好聽，感覺像是歐洲進口的，即使是大陸生產，價格至少差一半，整個幾百戶的建案累積起來，也少說能省個上百萬。

　　東省一些，西摳一點，建商荷包滿滿就是這樣子來的。每個建材都來個同等級，大門、鋁門窗、廚房設備、臉盆、浴缸、磁磚，全都來個同等級，那只能說建商真的賺很大。

　　還有很多是看不到的地方，例如管線如果不是做明管，在牆壁裡面，有誰會挖開來看，除非蓋房子的過程中能夠完整地監工，否則這種牆壁內的建材，真的是看建商的良心，有時候建商有良心，但是轉包給真正的「黑道承包商」，那品質就非常堪慮了。

價格重要，安全更重要

換言之，條款中只有同等級，因為同等級的定義非常模糊，臺灣與大陸同等級的商品，可能大陸貨的價格非常低，因此建商當然喜歡找這種同等級的爛貨，對於消費者當然是非常不利。

如果浴室的洗臉盆是黑心產品，會發生爆裂、割傷使用者的不幸事件，黑心建商更不會承認是他們的錯，一定是買家使用不當所造成的。因此，買家應該要求在契約中載明各項建材的價格，或訂定數個特定建材型號之備份選擇。

假設事後對於所提供之建材價格有所爭議，應以有公信力第三方機構或主要建材提供商之鑑價或報價為準。當然這樣子的結果還是有很大的風險，因為即便找的到相關單位進行鑑價或報價，但還是有可能發生「商商相護」的結果，到最後還是買家吃虧。總之，多細心、多詢問、多爭取，相信才能夠爭取到最大的利益。

停車位大小

小車位能提醒自己不能變胖

在簽訂契約的時候，停車位的大小也很重要，筆者就曾經吃過小虧，用便宜的價格買了一輛真的只能停小車的停車位，即使日後賺了錢，也很難換車，因為車子的高度（附近有管線）與寬度都受限，如果兩邊的車子都隨便亂停的話，還真的要考驗自己的腰圍才能打開車門。

不過，換個角度思考，至少能夠藉此隨時提醒自己要減肥，而且有錢也不會隨便亂換大車，小車可以開就好，節能又環保，長期下來反而省下一筆可觀的費用。

停車位價格決定因素

車位價格，除了離停車場出口遠近的因素，愈遠的愈便宜，如地下5樓就比地下1樓的停車位還要便宜，但也有些停車場是地下5樓最方便，反而變成停車樓層愈高愈便宜。這一類的房子通常是位於斜坡之上，地下5樓反而是入口，有些在地下1樓也有設置入口，這種停車場的價位就不會差太多。（如右頁圖）

另外，車位的大小也有差別，例如大車位150萬元，小車位120萬元，雙子車位180萬元（可以停兩個車位的大小），但是雙子車位通常很麻煩，要把前車移開之後，才能將後車開出。所以，若為了省錢而購買小車位，就要注意是否車子開進去之後，還能有寬敞的空間下車，否則只有買敞篷車才有可能下車了。

不一定要買地下1樓的停車位

地下1樓的停車位未必最好，因為有些社區地下1樓有其他規劃，如果規劃成商場、超市，甚至於撞球間、網路咖啡店，那種環境比較複雜，如果出入上無法做出適當的管制，容易遭竊或有其他人身安全的風險。因此，選擇地下1樓的停車位就要多多地考慮。

案例分享

【專案住宅設計不良案】

全臺灣第一個實施專案住宅計畫，並耗費近22億元的士林官邸北側的專案住宅，議員就接獲住戶投訴停車位設計不良，部分的停車格寬度根本不到法定的2.25公尺，只要超過1,800CC以上的車就難以駛入，就算勉強停進去，車門也打不開。臺北市地政處土地開發總隊副總隊長韋×武只表示，這樣子的設計在建築法規上絕對合法。

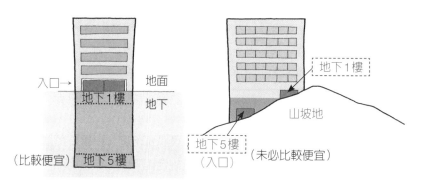

不同入口的停車場

有誤差，要不要找補？

互不找補條款

　　一般預售屋之購屋者在交屋後，並不會發現房屋坪數有差別。只有比較細心的購屋者，才會詳細丈量相關的坪數。但是，坪數上有落差在所難免，過去建商對此一問題，常會規定在一定比例之內，訂定「互不找補條款」，其規定範例如下：

- 兩造關於交付建物不足買賣契約約定之面積時，依兩造買賣契約……約定，倘面積誤差增減1%容許範圍內，互不增減價款；如增減差額超過1%時，就超過或不足部分，依契約之平均單價比例計算，互相找回或補足價款。

或者是下列這種寫法：

- 上開坪數包括主建物、附屬建物、騎樓及持分公共設施在內，產權登記面積依當時地政法令規定辦理登記，若坪數誤差超過1%時，雙方就超過1%以上部分，依買賣房地單價互相補貼核算。

　　但是，面積找不找補的問題可能會有很多想像不到的狀況，例如室內面積少了11%，但是公共設施增加12%，結果對於買家當然不利，因為總共沒有差超過1%，可是實際上自己住的部分卻大幅度的減少，如果依照上開契約約定，依舊不需要互相找補。

參考內政部範本

　　由於互相找補的問題太多，所以內政部公布之「預售屋買賣定型化契約應記載及不得記載事項」，其中有規定如下：

- 房屋面積以地政機關登記完竣之面積為準，部分原可依法登記之面積，倘因簽約後法令改變，致無法辦理建物所有權第一次登記時，其面積應依公寓大廈管理條例第56條第3項之規定計算。
- 主建物或本房屋登記總面積如有誤差，其不足部分賣方均應全部找補；其超過部分，買方只找補2%為限（至多找補不超過2%），且雙方同意面積誤差之找補，分別以土地、主建物、附屬建物、共有部分價款，除以各面積所計算之單價（應扣除車位價款及面積），無息於交屋時一次結清。
- 前款之土地面積、主建物或本房屋登記總面積如有誤差超過百分之三者，買方得解除契約。

　　舉個例子，例如賣100坪的房子，每坪50萬，總價5,000萬元，結果一量才90坪，賣方就應該要退10坪的錢，也就是500萬。但是如果賣100坪的房子，結果一量居然有110坪，買方也只需要找補2%，也就是2坪100萬。不過，通常都是少面積，建商才不會想要多面積給購屋者。

瓏山林公共設施找補案

　　瓏○林公司銷售「瓏○林藝術館」建案之合約銷售總坪數9,929.73坪，權狀登記之總坪數10,392.73坪，增加共用部分面積463坪（大約4.5%）。將建案之車道直接登記給所有購屋者分攤，契約中既沒有載明，事後也沒有告知，然後又將多出來的共用部分面積扣除掉1%互不找補的部分，剩餘大約3.5%的面積要求買方找補，藉此獲取高額不當利益，公平交易會裁罰1,200萬元。

為什麼要簽兩本合約？

常有朋友跑來問我，代銷業者要求他簽兩本契約，一本是實際價格的契約，一本是假契約，契約價格比較高，這樣子的契約可不可以簽？有沒有法律上的問題？

超額貸款是目的之一

每次遇到這樣子的問題，一時還答不上來，因為沒辦法那麼精準地判斷原因。不過從各方面獲得的資訊推斷其可能的原因，應該是提高貸款的實際數字。舉個例子來說，如果買間房子1,000萬，貸款七成，則只能貸款700萬元；但是如果成交價寫成1,200萬元，貸款七成，就有840萬元的貸款，幾乎接近八成五的貸款，貸款成數變得很高，若再加上一般都可以有一成左右的裝潢貸款，簡直房屋實質價值的100%貸款。當然銀行也不是傻子，與市價相差甚多當然也會發現，但這就是建商與銀行承辦人員的一些檯面下的默契。

炒作房市

說炒作房市，其實也嚴重了。

有位朋友說買了間透天，也不過砍個50萬，代銷業者一直跟他說這是萬不得已的價格，千萬不能告訴別人，還要求要簽個假契約，只有砍個15萬元，那位朋友不太甘心地簽了契約，但一直搞不清楚幹麻要簽與實際成交價不同的契約。

其實這也不會太難理解，想想看，如果每一位購屋者都是大砍亂砍，代銷業者又很想要高價成交騙取下一位成交者，以賺取那微薄的獎金（價格愈低獎金愈少），當然也要有一些「事實」作為基礎，這些契約就是創造出來的事實。

高度法律風險

遇到這種情形，筆者建議還是<u>不要配合辦理</u>，也不要為了多貸款一些錢從事這種有可能違法的行為或被查稅。例如代銷業者拿著這些契約向政府辦理相關登記，你有可能成立刑法<u>使公務員登載不實</u>的<u>幫助犯</u>或<u>共同正犯</u>；如果代銷業者向銀行詐貸或其他客戶進行詐欺，也有可能成立<u>詐欺罪</u>的<u>幫助犯</u>或<u>共同正犯</u>。

【共同正犯】

刑法第28條規定

二人以上共同實犯罪之行為者，皆為正犯。

【幫助犯】

刑法第30條規定

幫助他人實行犯罪行為者，為幫助犯。雖他人不知幫助之情者，亦同。

【使公務員登載不實罪】

刑法第214條規定

明知為不實之事項，而使公務員登載於職務上所掌之公文書，足以生損害於公眾或他人者，處3年以下有期徒刑、拘役或1萬5千元以下罰金。

【詐欺罪】

刑法第339條規定

I、意圖為自己或第三人不法之所有，以詐術使人將本人或第三人之物交付者，處5年以下有期徒刑、拘役或科或併科50萬元以下罰金。

II、以前項方法得財產上不法之利益或使第三人得之者，亦同。

III、前二項之未遂犯罰之。

加註附屬條款

白紙黑字寫清楚

簽約時，有些人假專業，看了半天搞不清楚狀況，結果半個字也沒改；有些人稍微翻了一下，大概詢問了一些內容，看著仲介或代銷人員誠懇的眼神，很快也就沒有了疑惑。

甚至於大多數的購屋者，尤其是男性，實在是有氣魄，銷售小姐撒嬌個幾聲，這名男性的睪丸激素馬上發生作用，契約往桌上一丟，說：「我信任妳，不必看了！」等到成交了之後，跟這位銷售小姐問什麼，她也都不太理你，雄性激素實在是非常窩囊。

筆者有一次去淡水看房子，因為對該房子很有興趣，一臉就像是要成交的潛在性客戶。代銷員工看我成交的機率很高，把我當大爺一樣款待，這時候突然跑出一個已經成交的客戶詢問這位銷售小姐房子過戶的一些細節。筆者在旁觀察，因為過去學習過「微表情」的知識，也多次運用在生活上，可以由細微表情發現對方內心在想什麼。經過分析，這位銷售小姐不經意地在眉宇之間露出了一絲絲不耐煩的表情，應該是我這位客戶的潛在價值遠遠超過那位已經成交的客戶吧！

當然，這位小姐也沒有起身幫該名客戶服務。所以，不要再相信銷售小姐熱情與看似可信任的嘴臉，<u>白紙黑字最可靠</u>。

增修契約不足的內容

　　不動產買賣契約，又不是定型化契約，理論上要增加或修改當然是比較容易。畢竟每個人買房子的情況與需求都不相同，也當然要視個人情況調整契約的內容，或者是要求建商贈送什麼設備、家電，也都要一一註明清楚。有些改格局的購屋者，也要清楚明確地表示如何改格局，建材有沒有什麼不同。否則，簽約前什麼都好，簽約後什麼都忘記。

　　舉個建材的例子，很多契約中都寫「XX品牌XX型號或同等級品牌型號」，如果你問銷售者這是什麼意思？通常回答會說因為擔心交屋的時候XX品牌型號已經不生產了，所以只好改換其他品牌型號，但價值一定不變。所以原則上應該是XX品牌型號，例外才用YY品牌型號，可是實務上常見例外成了原則，大陸貨取代了日本貨。當購屋者質疑怎麼可以這樣子，銷售人員還可以拿出單據說：你看，定價都一樣啊！當然是同等級。

違約懲罰性條款或解除契約條款

　　為了要提高建商履約的意願，可以加註「甲方（建商）違反本契約規定者，應賠償乙方懲罰性賠償金××萬元」，或者是「若甲方違反本契約××條規定時，乙方得解除契約」。

　　透過高額的懲罰性賠償金，只要違約就必須要賠錢，買方不必證明自己有什麼實際上的損失，讓契約簽訂雙方在此壓力下都願意且真摯努力地履行契約內容，不要隨自己高興想毀約就毀約，搞得大家很麻煩。

海砂屋、輻射屋、凶宅附屬條款

如同買車一樣，如果契約中沒有寫到泡水車、事故車，都會加註如果事後發現有這兩種情況就可以解除契約，如有損害亦須賠償。買房子也是一樣，最怕買到海砂屋、輻射屋、凶宅等房子，即使是透過仲介購買，可能也不會在契約中寫到，這時候可以看一下仲介是否有進行調查，調查的內容是否成為契約的一部分，仲介是否對此也有負擔連帶責任。

如果沒有寫上這些保證非海砂屋、輻射屋、凶宅的條款，可以參考下列內容，加註其中：

第××條

甲方（賣方）保證本契約標的非海砂屋、輻射屋，未曾因地震導致結構受損，亦非直轄市（或縣市政府）列管之山坡地社區住宅。

若經公正第三方證明有第一項情形之一，乙方（買方）得解除契約，甲方並應給付乙方新臺幣（下同）100萬元，如有其他因第一項情形所致損害，乙方並得請求甲方賠償。

我的契約不能改？

在房市多頭的情況下，很多建商很賤，一個客戶不買，還有很多客戶排隊要買，想改契約，門都沒有。但是，這樣子的買賣關係，主要是因為供需力量的失衡，必須要透過國家的力量進行監督，才能避免建商欺負小老百姓。

以筆者的立場，如果賣方不願意修改契約，除非你對於房屋現況很瞭解，否則契約中一定有很多陷阱，例如「現況交屋，不負物之瑕疵擔保責任。」這種條款對於當事人相當不利，如果簽下去，發現漏水等瑕疵，也不能主張賣方負責，要自己掏腰包修繕，那可是一件慘事。

如果購買的是預售屋，更常碰到這種不公平的狀況，以筆者的心態就是嚴正拒絕買這種房子，因為會開出不公平條件的契約，房屋一定有許多潛在性的問題存在，與其事後發現受氣，倒不如不要與之交易。如果對於這種不公平的現象感到不滿，因為人民已經習慣被建商欺負，只能多找些朋友輪番看房子，每個都開價並洽談契約，讓建商以為快要成交，但居然因為不能改契約而不成交，多少都會改變建商的做法。

第六篇

交屋，再一次檢驗

恭喜你，已經進入了交屋階段。

即將進住你最心愛的小屋，不過最後也是最重要的階段，許多交屋的細節還是要謹慎小心，草率入住後患無窮，唯有每一個細節都好好注意，點交確實，看看本篇文章的各種貼心小提醒，相信一定有快樂的新屋生活。

本篇大綱

漏水保固

自己抓漏耗時又費工

買房子遇到漏水一向是很頭痛的問題，很難抓而且很花錢，有時候把牆壁都快打光了，整條水管換了，還是找不到漏水點。屋頂漏水也是一樣，滴滴答答的，好不心煩，一下懷疑頂樓每天澆花，一下又擔心是不是當初建商偷工減料？

筆者有一位同事住頂樓公寓，當然免不了也有漏水的問題，整個樓頂做防水工程實在是太貴了，為了省錢只好自己來抓漏做局部的防水工程。一開始先將頂樓分成幾個區塊，然後使用水龍頭灑水，如果樓下沒有反應，就推測沒有漏水，直到灑到特定區域，樓下開始有明顯漏水時，就抓到漏水點了。

仲介提供的漏水保固

光聽這樣子處理，就覺得實在是很麻煩，於是現在有仲介推出「漏水保固」，只要符合一定條件，仲介公司可以幫你修到好。但也不是任何情況都在保固範圍，任何錢都會給付。可不要聽到仲介說保固、會幫忙修到好，就傻傻地毫不擔心害怕，中信房屋仲介有提供「漏水保固制度」，算是頗為不錯的制度，只是並不是完全無條件的負擔，還是要仔細審閱其條款。

<u>如右頁中所示</u>，可參考「本書評析」對照條款之說明，以瞭解其中的奧妙。（右頁表單內容參考自某房屋仲介業者）

漏水保固參考條款

編號	條款內容	本書評析
1	費用金額在新臺幣1萬元以下者，由買方自行負擔。	有一點點類似保險的<u>最低自負額</u>，一定額度之內，仲介業是不負責任。也要問清楚，如果修理費2萬元，仲介業是給付2萬還是1萬？
2	費用金額超過新臺幣1萬元者，依下表項目之限額由加盟店負擔，其餘由買方自行負擔，但買方應負擔至少新臺幣1萬元。 屋頂外牆滲漏水部分：25,000元 冷熱水管滲漏水部分：25,000元 室內排水管線滲漏水部分：25,000元 室內地面牆壁滲漏水部分：25,000元	所以超過1萬元的部分，也不是由仲介業完全負擔，還是有<u>負擔上限</u>，而且負擔上限才25,000元。
3	非本房屋專用部分（如公共設施或第三者）所造成之滲漏，不適用本制度。	例如頂樓漏水，不付錢。
4	因漏水所造成內部裝潢物、傢俱類之間接性、波及性之損害維修及對第三者之賠償，不在本制度保固範圍。	漏水導致裝潢地板損壞，不付錢。
5	該房屋自建築完成日期起，簽訂買賣契約時已滿15年（含）以上者，不適用本制度。	房子太老舊了，不付錢。

編號	條款內容	本書評析
6	對於本房屋之買賣，所約定買方之仲介佣收加盟店未能全部收訖者。	仲介費明明約定4%，卻只給付2%，不付錢。
7	加盟店依本辦法負擔修繕費後，買方同意將對出賣人該部分之瑕疵擔保請求權移轉於加盟店。	仲介付完錢之後，還可以再向賣方要錢，所以仲介也沒什麼損失，唯一的風險就是賣方沒錢付。

其他項目保固

除了漏水保固之外，還有什麼保固呢？

常見者還可以要求包括水管不通、馬桶不通，反正只要是物之瑕疵擔保責任的範圍內，都可以要求仲介業者擔保，也就是不必向賣方主張，只要向仲介業者主張即可。

實際上仲介業者也沒什麼損失，因為仲介的保固其實有一點像是代付，將修繕費用給付給購屋者之後，就可以取得代位求償權，亦即代替購屋者向賣方求償的權利。比較白話一點的說法，我幫購屋者修繕完畢後，再向賣屋者請求給付。

實案分析

到底誰該協助處理？

　　筆者擔任社區管委會委員時遇到一起案例，小張透過仲介公司買了一間頂樓的房子，結果房子住沒多久，遇到大雨才發現漏水嚴重。隔天馬上就找仲介來處理，因為是從主臥房的柱子滲出，找了許多原因還是無法得悉漏水點，不清楚屬於外牆還是頂樓漏水？

　　如果是頂樓漏水，本社區會協助處理頂樓防水工程，但是外牆的部分就不在社區的責任範圍。但是當時本社區找了許久，大量放水找漏，也等大雨來找漏，但就是一直無法找到漏水點。

　　小張也實在無法忍受、抱怨管委會處理的速度太慢，仲介公司也多次協商未果。畢竟社區的共有資金有限，要花在刀口上，在找不到漏水點的前提下，當然也無法進行維修。

　　後來，由小張委託的仲介公司先行出資請師父從內部施做防漏工程，接著小張也不堪其擾，趁著房市高檔又賣給下一手了。仲介公司實質上也沒有虧損，因為依據與賣方所簽署的合約關係，這筆防水工程的錢只是代墊，最終的支付人還是賣方。

瑕疵擔保責任

賣方應擔保買賣標的完整無缺，包括「權利瑕疵擔保責任」及「物之瑕疵擔保責任」。

一、權利瑕疵擔保責任

是指賣方應擔保第三人就買賣標的，對於買受人不得主張任何權利。（民法§349）簡單來說，這間房子真的是我的，不是別人的。因我國對不動產採登記制度，比較不會出現此類問題，故大多發生在無登記制度的買賣標的物，例如古董、汽車零件、珠寶等。

二、物之瑕疵擔保責任

是指房子有漏水、結構有問題等物體實際上存在的瑕疵，買方可以主張解除契約、減少價金、損害賠償、另行交付等四種選項。

一般來說，買賣發生糾紛時，買方通常是主張解除契約或者是減少價金，解除契約的條件比較嚴格，還必須要符合「非顯失公平」的要件。（民法§359）舉個例子，最近在新聞中常看到買到凶宅，買方不敢住，想要解除契約。如果不能解除契約，那可是很慘，因為通常只能減少價金。換言之，就是用比較便宜的價格買到凶宅，每天住在裡面，幻想有人陪你作伴。

相關法令

民法第359條規定

買賣因物有瑕疵，而出賣人依前五條之規定，應負擔保之責者，買受人得解除其契約或請求減少其價金。但依情形，解除契約顯失公平者，買受人僅得請求減少價金。

●筆 記●

門鎖記得要換

撰文者：林豆豆

　　踏入社會將近10年，第一次很認真地想要買房，但因為手頭上的資金有限，所以設定以二手屋為優先，我們在591房屋交易網上看到我們現在買到這間二手屋的資訊，找上了仲介來看這個房屋，因為是4年屋，屋況又很新，剛好這個屋主因為個人因素又急於脫手，雖然位於高雄市房價頗貴的地段，美術館附近，也可以用比較低的價格買得。

　　在跟仲介接觸的時候，我們這次就很注意在簽約之前就要請前屋主把所有屋況不良處全部處理好，處理完善之後才可以交屋。例如：全屋粉刷、房屋清潔、門鎖故障處維修。或許是因為我們都很誠懇，屋主在交屋之際，也送了我們一個置物架和原木床組，算是非常喜悅地把屋子交給我們。

　　這間房子是經過仲介介紹，而且轉手過二人，我們是第三手，因此仲介和前屋主都擁有這間屋子的鑰匙，決定入住之際，我們立即將門鎖換過。因為有前車之鑑，所以這次就特別謹慎小心。

　　這間房子就是會給人特別安心的感覺，建材設計都很細膩，高樓層又很通風，格局設計又很適合姊姊。在都市叢林之中有個屬於自己的家而且觀賞的景色都屬於自己的，那種感覺很舒服。陪在旁邊的我，很欣慰也很替她開心。

【本書評論】

從法律的觀點，一棟房屋的買賣，賣方當然要完全的給付，不能表面上說給一棟品質良好的房屋，結果給了一間房門被拆、鎖壞掉、馬桶灌水泥的房子，這樣子的給付屬於民法上的「不完全給付」。交屋之後，賣方也要確保一定的品質，如果有瑕疵就要負擔瑕疵擔保責任，民法上稱之為「瑕疵擔保責任」。（請參考前一篇文章「漏水保固」的說明，本書第226至230頁）

換鎖的部分，則是交屋之後的一項重要工作。

換個鎖其實不會很貴，水準還不錯的鎖幾千元就能夠搞定，最重要是能夠避免潛在性的不法危害。

其次，臺灣的居住環境與歐美先進國家不同，如果不是有管理機制的高樓大廈，最好能安裝一定的防盜設備，若能有保全公司進行防盜設備的安裝與設定，更是居家安全的最佳保障。

筆者曾經住過頂樓加蓋的房子，小偷之多，還有一次特別白天請假等小偷，第一次等就等到，馬上拿起手中的雙節棍準備迎頭痛擊，沒想到小偷身手矯健，轉頭就跑，好比跨欄選手般地迅速跳過好幾個矮圍牆，看到只能傻眼地放棄追趕。無論如何，錢還可以有再賺的機會，但生命只有一次。

社區管理基金

建商花錢，住戶買單

如果購買的是大廈，因為要成立管理委員會，當然也要有一些資金來管理運用，這些錢是從哪裡來的呢？如果你是買預售屋，會發現建商會代收一些款項，其中有5萬、10萬不等的金額，就是成立管理委員會時所需運作的資金。

有些比較惡劣的建商，賣房子的時候儘量開燈，水池的水每天換，反正這些錢都是替住戶代墊，到最後就要從住戶繳交的管理基金扣。等到住戶真的接管了社區，才發現這些電費怎麼這麼昂貴，也難怪社區管理基金每坪都要70、80元，甚至於動輒上百元以上，原來都是這樣子浪費掉的。回想起當初代銷的說法，他們就是用較高的管理費讓比較沒錢的住戶知難而退，達到過濾客層之目的，實在是說得太好聽了。

提撥基金的標準

建商到底應該要提撥多少基金呢？

以筆者當年買的社區大樓，建商提撥了1千萬，當然這也是爭取而來，在高利率的時代，也能夠提供社區住戶一筆不低的利息收入，對於整體社區營運奠定了良好的基礎。但是有些建商頂多依規定提撥百來萬，甚至於根本就不提撥的建商也大有人在，這時就必須要透過住戶的集體意志，相互合作地向建商爭取與要求。

　　這一筆基金是由建商飽飽的荷包中抽取出部分的金額罷了。筆者曾經問過某些代銷人員，到時候會提撥多少的管理基金，幾乎回答都是千篇一律，「依照公司規定」，就像是太極拳一樣迴避了購屋者的問題。所謂公司規定，是否只有提撥1百萬，若以400戶計算，每戶就是給你2,500啦！如果房價剛好是2,500萬，那就是萬分之一。

　　當然不能這樣子，依據公寓大廈管理條例第18條第1項第1款規定「起造人就公寓大廈領得使用執照1年內之管理維護事項，應按工程造價一定比率或金額提列公共基金。」各縣市都有規定一定比率或金額的標準，下列圖表試算出工程造價15億元的A建案，應提列出之公共基金額度：

工程造價	比率	提列公共基金
A建案≧1千萬元	2%	1,000萬元×2% = 20萬元
1億元≧A建案＞1,000萬元	1.5%	9,000萬元×1.5% = 135萬元
10億元≧A建案＞1億元	0.5%	9億元×0.5% = 450萬元
A建案≧10億元	0.3%	5億元×0.3% = 150萬元
合計金額		755萬元

參考資料：郭莉芳，「龜毛公設點交　建商別想賴」

你的社區建商有提撥這些金額嗎？

公共設施是送的？

建商為了讓可銷售的坪數變高，常會將機車位、蓄水池等空間改建為圖書館、SPA池、健身房等公共設施，製作精美的DM，由這些美麗的享樂設施向你訴說動人的故事、營造幸福的未來人生。

這些公共設施其實有許多都是所謂的「違建」，如果遭檢舉或被建管單位發現，是要被拆除的。例如近來知名的「臺北光點」建案，住戶控告建商並且纏訟多年，法院判決建商應該賠償住戶2,000多萬元，每一戶法院認定之減損金額為3%。（臺灣臺北地方法院96年度重訴字第1461號民事判決）

公道一定要主張，如果建商說一套蓋一套，一定要好好地控告建商，減少價金，拆除改建的錢也要請求建商賠償，否則養肥了建商，每個都亂搞，可憐的還是小市民。讓我們看看這個判決的內容（如右頁）：

原告主張重點：

　　大樓附設之屋頂空中游泳池、一樓英式書房、一樓水晶光廊、地下一樓多功能交誼廳等四項公共設施及一樓大廳夾層，前經臺北市政府都市發展局（下稱都發局）勘查，認定空中游泳池因未經申請建照、地下一樓之多功能交誼廳及英式書房原核定為機車停車位、水晶光廊亦為原留設之天井空間均屬違建待拆除……

建商解釋內容：

1. 雙方尚成立工程變更委託書，上頭說得很清楚，實際施工可能與原始圖說不盡相符。

2. 買賣契約附件四「建材設備說明」之公共設施第1項社區休閒設施說明中亦載明，中庭設施、多功能交誼廳、屋頂游泳池及烤肉休閒廣場等公共設施，都是「無償贈與」，其材料及施工方式由伊訂定，若因政府法令限制導致無法施作，住戶亦不得要求減少價金。依民法第411條前段贈與物瑕疵擔保之規定，伊不負瑕疵擔保責任。（利用贈與來規避瑕疵擔保責任）

3. 況系爭大樓之建築原始設計、相關位置圖說及執照、建照均於銷售現場公開陳列，買方都瞭解這些瑕疵，賣方依民法第355條第1項規定，亦不負出賣人瑕疵擔保責任。（許多買家並不會看這些資料）

4. 復以系爭買賣契約附件四「建材設備說明」並無約定特定品質，當僅以中等品質為給付已足，原告主張迴廊車道、英式花園未依約施作，僅係憑主觀認為不夠豪華，而未提出具體事證說明，伊自不負債務不履行損害賠償責任。（以後廣告應該都加上「中等品質」四個字）

　　不必懷疑，這就是建商的嘴臉，買房子的時候一副笑臉，賣完了房子還是有笑臉，但是比較冷淡。等到交屋出了問題，臉色一沉，背後的律師團傾巢而出，死皮賴臉的主張全部出現了。

　　最後來看一下法院的見解：

法院見解

　　前開有關以贈與來規避瑕疵擔保責任，法院認為：「公寓大廈管理條例第 3 條規定，公寓大廈公共設施如中庭設施、多功能交誼廳、空中天幕俱樂部等設施乃供該大樓住戶共同使用為『共用部分』，其公共設施之對價係包含於該不動產買賣價金內，<u>購屋者並非無價取得</u>，此亦有財政部臺北市國稅局××號函文內容在卷足參。則被告以系爭約定規避瑕疵擔保責任，無異令債權人負擔重要不利益之風險，而有顯失公平等情，應認<u>屬無效之約定</u>。」

　　至於怎麼判定公共設施如果被拆除對於房價的影響，這可是涉及到可以要求多少賠償金額，本案的住戶是請中華徵信所進行問卷調查，並出具鑑定報告。

仔細點交為王道

公共設施也要詳細點交

　　每年都有大量的建案完工。租輛汽車都會仔細點交，買塊豬肉也會看是否新鮮，買斤水果，即使是葡萄，還會仔細檢查有沒有爛掉，連吻仔魚都會仔細看看有沒有長得很帥！可是許多人買房子簽個名就點交完畢，馬虎的過程讓人嘆為觀止，牽涉上百上千萬元的交易，整個點交過程怎麼能夠馬虎呢？

　　除了屋內設備的點交，還有公共設施之點交，尤其是許多公共設施所佔比例相當高，可能高達30%，更有許多公共設施不易看到實質的內容，必須要設法一一確實清點，並且確保建商所移交過來的相關設施並沒有瑕疵，以免點交完後才發現許多問題點，屆時建商可能擺爛不管，甚至於還誣賴指稱是住戶點交後自行破壞。

　　從許多點交的經驗中，常常會發現有許多誇張的現象，例如少了許多支撐建築物的大柱子，也有全體住戶共用單一水表，還有許多漏水、排水不良等問題。更有許多糟糕的狀況，例如建商以二手發電機混充全新發電機進行點交，或點交完後，再來個偷天換日，變成功率比較小的機器，反正只要點交之後，甚少人會去監管黑心建商的作為。如果不小心點交，簽了名之後要再究責，可是要花費更大的心力打官司，不可不慎啊！

委請專業人士點交

　　水管漏水、地下室排水不良更是讓人困擾的問題，曾經有新聞報導南部某社區標榜透天豪宅，結果車子沒辦法停到地下室，因為排水不良，有下雨當然積水，沒下雨還是積水。

　　專業的機電、消防、排水等項目，建議由專業技師執照來協助檢驗，並製作點交清冊，確保社區的品質。但是也要小心，聘請的專業點交人員是否跟建商熟悉，收了建商的錢，還來向你收取專業點交的顧問費，違反雙方代理禁止之規定，也是有聽過這類型雙頭賺的黑心專業人士。

徵詢住戶意見

　　在進行點交之前，應召開住戶大會，請住戶針對公共設施的問題提出意見，如果有專業人士可以協助點交，也可以會同一併瞭解。點交若沒有堅持，連看都不仔細看，自己權利受損也是自作孽，正如

同許多人申辦信用卡，只在業務員畫圈的地方簽名，其他什麼都沒看過，這種習慣絕對不能移轉至點交的過程中，否則便宜了建商，苦了可是未來的住戶。

點交完畢才能撥付公共基金

由於建商蓋房子時，依法要提撥一筆公共基金，可以於完成點交後，由管委會或管理負責人憑相關文件向主管機關申請公共基金的撥付，未來作為社區公共設施修繕維護之用。（相關條文如右頁）

也有發生許多事件，建商與住戶針對公共設施的內容、是否有完成修繕，或者是其他問題發生爭議時，常常會有無法完成點交的情況，也會影響公共基金的撥付，但即便有風險，落實的點交還是不可少。

依據媒體所取得的資料顯示，從2017到2020年，臺北市已成立管委會的社區中，未向市府領取公共基金的有52％，新北市則有41％；換言之，雙北共1613個成立管委會的社區中，有703個社區的公設尚未點交，若再加上因住戶未過半而無法成立管委會的社區，等同雙北近4年來恐約有七成社區的公設尚未點交，公設問題儼然成為新建案住戶的地雷註。

只是大家怕房價下跌，真的爆出來的案例可以說冰山一角而已。

小心屋內的「半套裝潢」

不動產交易市場中，出現許多投資客創造出來的「半套裝潢」，例如有插孔沒接電、浴室管線錯接、水龍頭熱水變冷水，尤其是老舊公寓。點交時，先檢查廚房、浴室的水槽、天花板管線，還有要實際觸摸與敲打地板或牆壁。

註：公設點交卡關3／雙北7成社區點交困難　社區百項公設缺失住戶卻噤聲，https://www.ctwant.com/article/117188。

【點交】

公寓大廈管理條例第57條規定

I 起造人應將公寓大廈共用部分、約定共用部分與其附屬設施設備；設施設備使用維護手冊及廠商資料、使用執照謄本、竣工圖說、水電、機械設施、消防及管線圖說，於管理委員會成立或管理負責人推選或指定後7日內會同政府主管機關、公寓大廈管理委員會或管理負責人現場針對水電、機械設施、消防設施及各類管線進行檢測，確認其功能正常無誤後，移交之。

II 前項公寓大廈之水電、機械設施、消防設施及各類管線不能通過檢測，或其功能有明顯缺陷者，管理委員會或管理負責人得報請主管機關處理，其歸責起造人者，主管機關命起造人負責修復改善，並於1個月內，起造人再會同管理委員會或管理負責人辦理移交手續。

【點交後撥付公共基金】

公寓大廈管理條例第18條第2項規定

依前項第1款規定提列之公共基金，起造人於該公寓大廈使用執照申請時，應提出繳交各直轄市、縣（市）主管機關公庫代收之證明；於公寓大廈成立管理委員會或推選管理負責人，並完成依第57條規定點交共用部分、約定共用部分及其附屬設施設備後向直轄市、縣（市）主管機關報備，由公庫代為撥付。同款所稱比例或金額，由中央主管機關定之。

驅逐惡鄰條款

公寓大廈管理條例的目的

公寓大廈管理條例的制定目的，是為了加強公寓大廈之管理維護，提升居住品質。無論是公寓或大廈，都是許多許多住戶的結合，因此成立管理委員會進行管理。如果各自為政，將會使得整體社區髒亂不堪，欠缺管理的結果，也會成為治安的死角、疾病的溫床。總之，透過集體管理的方式，讓社區步上軌道，再加上現在大都市都是以公寓大廈的模式存在，更顯示出本條例的重要性。

基本上，對於一些拒繳管理費，破壞社區公共設施，或破壞整體外觀加以修改、亂丟垃圾、養狗過於吵鬧、公共基金的管理等各種情況，都可以透過本條例與住戶所制定的規約加以遏止，也可以透過一定程序來決定社區的未來。

遇到惡鄰怎麼辦？

本條例屬於有相當強制力的規定。舉個例子，住戶在其自家住宅放了個香爐，每天除了燒香拜拜之外，還燒大量的金紙，或者是防火巷加蓋違建，影響住戶安全；還有曾經看過有住戶買了兩間房子，牆壁敲掉打成一間，不是為了要讓長輩一起三代同堂，而是居然開設一間水療館，結果又因為防水沒做好，導致底下樓層的住戶一直有漏水的現象，噪音更是不勝其擾；更誇張的是還有餐廳，油煙導致附近住戶難以忍受，還有消費者在大聲唱卡拉OK，嚴重影響社區品質。

這種種的情況，顯然已經妨害建築物之正常使用，也違反了其他住戶之共同利益，符合公寓大廈管理條例第5條之情況，除了可以促請改善之外，若是仍然沒有改善，還可以依據住戶大會的決議，訴請法院強制其遷離，此即本條例第22條「驅逐惡鄰」條款。如果該住戶是所有權人，還可以請其出讓所有權，若判決確定後3個月內不自行出讓並完成移轉登記手續者，還可以聲請法院拍賣之。

【驅逐惡鄰條款】

公寓大廈管理條例第22條規定

I 住戶有下列情形之一者，由管理負責人或管理委員會促請其改善，於3個月內仍未改善者，管理負責人或管理委員會得依區分所有權人會議之決議，訴請法院強制其遷離：

一、積欠依本條例規定應分擔之費用，經強制執行後再度積欠金額達其區分所有權總價百分之一者。

二、違反本條例規定經依第49條第1項第1款至第4款規定處以罰鍰後，仍不改善或續犯者。

三、其他違反法令或規約情節重大者。

II 前項之住戶如為區分所有權人時，管理負責人或管理委員會得依區分所有權人會議之決議，訴請法院命區分所有權人出讓其區分所有權及其基地所有權應有部分；於判決確定後3個月內不自行出讓並完成移轉登記手續者，管理負責人或管理委員會得聲請法院拍賣之。

III 前項拍賣所得，除其他法律另有規定外，於積欠本條例應分擔之費用，其受償順序與第一順位抵押權同。

【愛滋病住戶事件】

不過，也有些案例頗具爭議，例如收容愛滋病患的「臺灣關愛之家協會」，2005年間遷入臺北市木柵再興社區後，遭管委會以違反社區規約、隱瞞收容愛滋病患且無法妥善管理為由，訴請法院要求搬遷。

臺北地方法院審理後認為協會確實違反社區規約，判決該協會敗訴必須遷出，但同一案件上訴二審時，二審法院又將原判決加以廢棄，其保障愛滋病患者的居住權，避免遭到不當之歧視，且全世界每一百人大約就有一人感染愛滋病，一般民眾必須接受也必須學習如何與愛滋病患共存，而非一再地排斥與隔離。

因此，該社區規約中所制定的下列內容：

社區規約

住戶不得將社區建物提供收容或安置法定傳染病患及精神病患，或經營類此行業及經營色情等妨害公序良俗並影響鄰居生活安寧、公共安全、公共衛生之行業，違者經勸導限期仍未改善，除得訴請法院強制執行遷離……。

高等法院認為：有關愛滋病之法令業已通過，規約內容不得與之相違背，即屬違背公寓大廈管理條例第22條第1項所定僅於法令別無規定之情況下，方得以規約約定之規定。（高等法院95年度上易字第1012號民事判決）

愛滋病住戶事件示意圖

愛滋病患者立即搬出一般社區！

愛滋病患也有居住權，其他住戶不得要求搬遷。

相關案件

2013年間，唐氏症基金會原先打算租下仁愛路的舊公寓，卻遭到管委會以「不想破壞安寧環境」為由拒絕。

管線

　　管線，如同一個人的經絡血管，雖然從外觀上看不到，但確實是一間房子好壞的重要因素，無論是新房子、舊房子都很重要，尤其是老舊房舍，如果管線不佳，隨時都可能遇到各種問題，以下舉出幾點在交屋時應該要特別注意的事項。

水管通不通

　　舊房子因使用多年，難免會有水管不通情況，連馬桶都可能塞住。但是新房子也常有類似問題，諸如施工設計不當，工人弄水泥的時候不小心或根本是故意塞住水管，都可能造成水管使用上的問題。所以購買房屋時，至少要讓水大量快速地開啟一段時間，以測試管線是否通暢。

消防管線

　　消防管線攸關安全，尤其在大樓更是關鍵因素，以灑水系統為例，早期的大樓多採暗管，而且管線大多屬於會生鏽的材質，短期看不出來，超過10年以上，管線就會在水泥間繡蝕，購買較老舊的大樓要特別注意，以免繡蝕嚴重而破裂，可能造成樓上地板或樓下天花板都發生漏水的問題，而這些問題從表面上均無法得知。

電路管線

　　電線管路如果過於老舊，可能引發電線走火而發生火災，因此在購買新家時，最好在裝潢前先花一筆錢將管線更新一下，就如同通血管一樣，血管通一通也比較不會發生心臟血管疾病。

管線不佳的慘狀	說明
	現在許多管線都設置成明管，維修上比較方便，裝潢的時候也應該考量到未來管線維修的問題，以免還要再花一筆錢拆除裝潢，維修好管線，又要再花一筆錢重新裝潢。
	廁所不通、臭氣沖天最讓人難受，因此在購買房屋時，應徹底測試廁所的通暢度，能夠檢查到的地方要盡量詳細地檢查，能夠打開的蓋子就一定要翻開來細查。
	現在家用的電器用品繁多，很容易不勝負荷而導致火災，輕則財產損失，重則可能有人命之疑慮。尤其是購買舊房舍，漂亮的裝潢背後是否有進行管線更換，都可以要求原屋主提供裝修項目，以瞭解裝修的實質內容。

　　如果看不到的地方無法進行檢驗，可以要求賣方或仲介提供一定的保固責任，點交過程也應該委請具有專業知識的人員陪同查看。即使是點交完成後，也應該適時地調整住宅品質，讓自己心愛的房子可以更安全、更舒適。

裝潢

交屋之後通通都會想要裝潢，無論是輕裝潢或重裝潢，適度的裝潢會讓自己住進新屋的時候更加舒適。在此要談一下「固定式裝潢」、「預借裝潢」兩種情況。

固定式裝潢

裝潢方面，現在很多建案都提供固定式的裝潢，常見者會提供一個價目表，提供各種不同的裝潢價格。通常看起來都裝潢得很美麗，有些建案也會帶你去看實際上裝潢的樣品屋。

為什麼這些代銷業者會如此的積極呢？很簡單，因為代銷業者除了賺取銷售房屋的佣金之外，還可以再從裝潢設計師那抽一點佣金，以右頁表所示的50萬元「A餐裝潢」，代銷業者至少可以抽個5萬元，如果有100戶透過此方案進行裝潢，那也就至少多撈了500萬元。（如右頁圖）

不過這種裝潢因為量大，通常格局差不多，要修改的地方比較少，設計師是一對多，比起自己去找設計師，設計師是一對一，價格當然會低許多。只是這樣子的裝潢很容易像買衣服一樣撞衫，比較沒有自己的風格。不過，如果買來是為了要出租之用，即使沒有自己的風格也沒什麼差別。

最重要的問題還是品質，或許代銷業者會帶你去看裝潢實品屋，但因為代銷業者要從中抽一手介紹費，可能實際的裝潢為了降低成本，只好從材料偷工減料著手，沒有用那麼好的料，或者是裝潢實品屋看起來很漂亮，但材料品質很差。這些情況都是在決定是否要固定式裝潢的時候仔細思考的。

類型	A餐裝潢	B餐裝潢	C餐裝潢
價格	50萬元	75萬元	100萬元
範例照片	簡易型	中度型	重度型

【本書建議】

　　筆者比較不喜歡太過度的裝潢，畢竟如果是長久居住下去，家中物品愈堆愈多，如果有一些裝潢或水管、消防、電線管路等發生問題，要再處理就是一大問題，因為很可能要拆掉重做。如果室內空間不夠，可能要租個空間，把家具搬到別的地方才能順利施工。

　　所以，輕度裝潢或可移動式的裝潢，對於通常一生只有一間、二間房子的小市民而言，是最適合的選擇。

預借裝潢

所謂預借裝潢，是指房屋還沒有交屋之前，先向原屋主商量能否進行維護裝潢，這樣子的做法非常常見，通常也不會發生什麼大的問題。最大的風險應該還是裝潢時萬一失火把房子燒了，算誰的責任？這一段期間因為產權還是屬於原屋主所有，如果雙方最後買賣沒有完成，這些裝潢所花的錢該算誰的帳？裝潢中間的水電費誰負擔？

房屋燒毀的問題還算單純，誰燒的就算誰的責任。水電費也很簡單，理論上當然該由買方負擔。而在房屋無法過戶的情況下，或許原屋主會說：我也不要這些裝潢，麻煩你拆掉裝潢，回復我房子的原狀。但是買方則會說：我幫你裝潢得這麼漂亮，既然買賣不成但是仁義在，算你八成價好了。

所以預借裝潢能避免就避免，除非很接近交屋期間，也先完成點交的程序，只是手續文件上需要補正，再進行借屋裝修（最好簽下協議書，釐清雙方的責任），比較不會發生這種裝潢好了還是無法過戶交屋的窘境。

範本之注意事項（右頁）

除了水、電費的部分，如果雙方協商後，包括地價稅、房屋稅、管理費也可以調整，先行於過戶移轉所有權前，由買方負擔。

預借裝潢協議書（範本）

賣方：×××（身分證字號：××××××）

買方：○○○（身分證字號：○○○○○○）

賣方同意借用買方預先進行室內裝修工程，雙方並同意遵守下列規定：

一、借屋裝修日（中華民國××年××月××日）開始所生之物之瑕疵，賣方不負瑕疵擔保責任，相關危險移轉（如火災）亦由買方負擔。但物之瑕疵與裝修行為無關者，賣方仍應負物之瑕疵擔保責任。

二、借屋裝修開始之日，因裝修行為所生之水、電費、管理費，由買方負擔。

三、因非可歸責於賣方之事由而解除、撤銷契約者，買方應回復標的物之原狀，回復原狀之費用應由買方負擔。若未於解除、撤銷契約後1個月內取回材料或工作物者，裝潢材料或工作物歸屬於賣方所有。賣方願價購者，買方非有正當理由，不得拒絕，其購買價格以裝潢工程實際給付價格的75%。

四、裝修期間，若有因裝修行為導致第三人損害，應由買方承擔。

五、借屋裝修地址：××縣××市××路××號××樓。

締約人

賣方：×××　印

買方：○○○　印

中　華　民　國　××　年　××　月　××　日

第七篇

找資料，看房子的基本功

給你一條魚，還不如給你一根釣竿，除了看一本好書，瞭解買屋的相關知識外，當然還是要有許多查詢的工具，可以找到重要的基礎資訊，作為買房子的參考。除了前面各篇的文章，有提供參考資訊外，本篇也提供許多重要的資料，讓讀者可以自行學習如何找到自己需要的資料。

本篇大綱

法拍屋／土地有無遭受污染

法拍屋市場資訊逐步公開

　　筆者常看一些法拍的資訊，瞭解最近有哪些房子、土地被拍賣，不點交的原因有什麼？雲林、彰化等地方縣市，除了常見的電腦、桌子、冷氣等動產拍賣外，有時候還會看到水井、果樹要被拍賣，此外還有沒有其他特殊的動產呢？

　　司法院的法拍資訊愈來愈公開，資訊更加完整，不再有從前傳聞中，剛貼公告拍個照就馬上被撕下來，所以只有極少數的不肖人員知道哪裡有法拍屋，成為獨門生意，現在可是任何人都可以投資的標的。

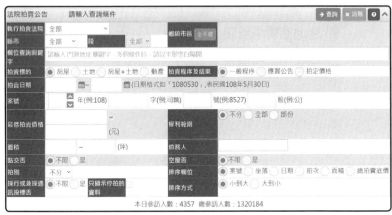

可上網搜尋「法拍公告查詢」

　　如果你的房子不是法拍屋，還是可以在司法院網站中查詢拍賣的房屋土地有無受到污染。(詳如次頁介紹)

逐漸公開透明的法拍屋資訊

以前法拍屋只有文字資料，到現在還有不動產鑑價公司的現場拍照圖，甚至於最近還多了個選擇，也就是「土地有無遭受污染」的選項，由「環保署土壤及地下水污染整治網」（http://sgw.epa.gov.tw/public）所設置提供。

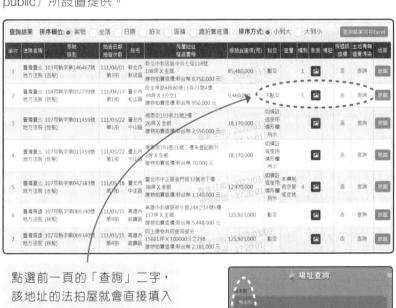

點選前一頁的「查詢」二字，該地址的法拍屋就會直接填入下列網址的查詢畫面中，查詢有無相關污染資訊。

如果沒有污染，就會出現下列文字的查詢結果：「搜尋條件下查無已公告土壤及地下水污染場址！！」

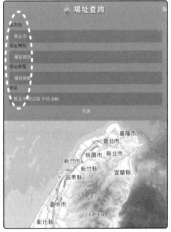

海砂屋

海砂屋，住久了會剝落，結構上怎麼可能會安全！所以，只要屬於海砂屋，不用懷疑，只要以自住為目的的小市民，一定要把海砂屋列為拒絕往來戶。

什麼是海砂屋？

所謂海砂屋，是指建築房屋過程中攪拌混凝土所用的砂來自於含有氯離子（鹽分）的海砂，而非使用河砂。此種海砂會快速地讓牆面滲出白色的物體，也就是俗稱的「壁癌」，長期下去，將會導致鋼筋的嚴重腐蝕，腐蝕的鋼筋會造成混凝土剝落，嚴重損害結構，影響住戶安全。

海砂屋的檢驗與相關標準

CNS 3090「預拌混凝土」國家標準，針對氯離子含量有基本的規定：

● 混凝土中最大水溶性氯離子含量規定：鋼筋混凝土（所處環境須做耐久考慮者）0.3kg/m3

● 細粒料中最大水溶性氯離子含量規定如下：混凝土0.024百分比

檢驗單位

海砂屋的檢驗單位，可以接洽工研院、土木技師公會，相關費用大約4,000到5,000元，所花費檢驗的時間大約1至2週。

實務見解

關於「海砂屋」部分：查上訴人陳○○所買受河南○○街40-3號房屋，其氯離子含量無論以83年標準0.6Kg／M或87年標準0.3Kg／M均顯然過高，長期有造成結構鋼筋腐蝕、混凝土剝落之疑慮，業據臺灣省結構工程技師公會鑑定，有鑑定報告可憑，而其屋內鋼筋鏽蝕亦有照片可佐，足證上訴人陳○○買受房屋效用已有所減損無疑，要不能謂無物之瑕疵。

次查系爭房屋建造於79年、80年間，斯時混凝土中氯離子含量標準若干雖無國家標準之製定（83年起始公布為0.6Kg／M），然所謂物之瑕疵係指存在於物之缺點而言，凡依通常交易觀念或依當事人之決定，認為物應具備之價值、效用或品質而不具備，即為物有瑕疵。而海砂屋即氯離子含量過高將腐蝕鋼筋危及結構安全係通常交易者所關注者，自不能因建造當時國家尚無氯離子含量標準之公布，即否認系爭房屋有物之瑕疵。

（最高法院91台上字第2352號民事判決）

輻射屋

輻射屋的概念

輻射，當然會造成人體的突變，光聽到這兩個字嚇都嚇死了，怎麼還敢住在裡面。1983～1992年間，民生別墅住宅的居民被鈷60照射了9年，許多人除了染上奇怪的疾病，沒了辛苦買來的房子，到現在只能在外面租房子。但這一起輻射屋並非最後一件，陸續又發現了上百件的案例。

輻射屋，即建築房屋時所使用之鋼筋或其他建材受到輻射污染，受到輻射污染的鋼筋會釋放出對人體有害的放射物質；因此，購買房屋時都應主動要求進行輻射檢測，並取得「非輻射屋」證明。目前發現的輻射屋，依據行政院原子能委員會（以下簡稱原能會）偵測及評估結果，均為1982～1984年建造之建物，其使用執照核發日期在1982年11月至1986年1月之間，有意購買此一期間的房子就要特別注意。

檢測單位

合格輻射防護偵測業務業者名單可向原能會查詢，電話為（02）8231-7919 轉分機 2216或0800-076-678；此外，也可以直接上行政院原能會網站下載業者的名單。

收費標準方面，一般均以坪數大小計算，如果檢測結果是嚴重污染建物時，應該要迅速撤離，若暫時不允許，可以利用工程改善技術來阻擋輻射，也可以向原能會申請補助、收購、改建及免費醫療之協助。

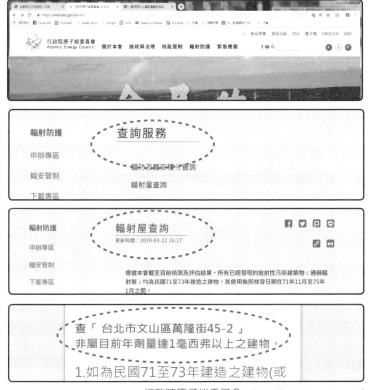

行政院原子能委員會：http://www.aec.gov.tw/

　　進入輻射屋查詢系統後，輸入所要查詢的地址，如果並非已知輻射屋的名單，就會出現「查本會所登錄輻射年劑量1毫西弗以上之放射性污染建築物名單內，並未含有上述房屋地址。」

　　其次，該系統還會提供建議：「上述地址是否無輻射異常，可請屋主提供該會或合格民間公司核發之偵測證明，或另洽請該會認可之輻射防護及偵測業者進行偵測以行確認。」

實務見解

案例一：臺灣高等法院民事判決 96 年度上更（一）字第 186 號

「系爭房屋之部分輻射鋼筋因涉及樑柱問題而無法抽離，故系爭房屋仍有輻射問題，行政院原子能委員會××號函之檢測值係被上訴人係以鉛板遮蔽後所得之測量值，系爭房屋現狀並非完全沒有輻射，仍現存些許輻射僅係被鉛版遮蔽，此觀住×公司聲請傳訊之證人即估價師，亦認為本案情形還是有輻射，故住×公司以輻射非現狀存在為由指摘鑑定報告意見，亦不可採。」

案例二：臺灣高等法院民事判決 94 年度上字第 1004 號

本件買賣之標的為受輻射污染之房屋，為兩造所不爭執，且市售房屋業遭輻射污染且鋼筋剪除後，會降低其價值，應屬一般人共同之認知。

一般人基於自我健康保護之心理因素，輻射屋之價格絕對低於零輻射污染之房屋，被上訴人誤以為系爭房屋為零輻射污染予以買受，事實上，縱為輕微污染之輻射屋，其亦確實受有損害。

上開案例，判決中仍有其他有價值的參考內容，若有興趣者，可自行上司法院法學資料檢索系統（http://law.judicial.gov.tw）查詢。

【游離輻射防護法】

游離輻射防護法第24條第3項規定

前項建築物之輻射劑量達一定劑量者，主管機關應造冊函送該管直轄市、縣（市）地政主管機關將相關資料建檔，並開放民眾查詢。

【放射性污染建築物事件防範及處理辦法】

放射性污染建築物事件防範及處理辦法第8條第1項規定

主管機關偵檢結果，確定建築物遭受放射性污染時，除應通知該戶建築物之居民、所有權人、區分所有權人或共有人，並即派員說明污染情形及提供防護、改善或處理建議外，對於遭受放射性污染達年劑量1毫西弗以上之建築物，並應造冊函送該管直轄市、縣（市）地政主管機關將相關資料建檔，並開放供民眾查詢。

凶宅網

凶宅，怎麼找資料？

曾經聽說某住戶家裡有人自殺，為了怕變成凶宅影響日後行情，半夜偷偷地將往生者移出住宅，連鄰居都不知道，要得悉這是間凶宅恐怕是很困難的一件事情。

一般民眾大多是透過詢問仲介業者，請其代為查詢是否為凶宅。但要怎麼查詢呢？頂多就是附近打聽一下、派出所問一下，最後再問問看賣屋者是否願意據實以告。

當然，我們可以透過契約來防止買到凶宅的風險，如果事後發現是凶宅可以解除契約，甚至於請求賣屋者對於所受到的損害負擔賠償責任。可是這些畢竟都太麻煩了，如果事先就能夠預防買到凶宅，也可以避免事後談判、打官司所耗費的時間與經歷。

善用網路資源

網路資源豐富，Google一下，幾乎就可以跑出一大堆的資訊。目前針對凶宅的部分，也有一個網站可提供大家凶宅的資訊，此一網站就是「臺灣凶宅網」（http://www.unluckyhouse.com）。右頁是有關於該網站的基本使用介紹，可以透過該網站的細部分類查詢到自己所要購買房屋的區域，過去曾經發生過有多少件與凶宅有關的公開資訊。

步驟1 進入臺灣凶宅網首頁

網址：http://www.unluckyhouse.com

步驟2

網頁往下拉，還可依據各縣市區域查詢。

北部地區			
台北市（3位會員正在瀏覽） 貼文請提出實證如新聞報導網址或剪報、法院或警察備案資料 ●允許上傳照片●	羅斯福路三段／宗教義工疑跳樓輕生港女命裂台北 Wesker 2013-08-28 16:03	170	348
新北市（7位會員正在瀏覽） 貼文請提出實證如新聞報導網址或剪報、法院或警察備案資料 ●允許上傳照片●	中正路某社區大樓--殺人棄屍 wwwsky 2013-09-05 17:27	303	504
基隆市 貼文請提出實證如新聞報導網址或剪報、法院或警察備案資料 ●允許上傳照片●	源遠路情侶燒炭自殺 joyian2003 2013-07-04 12:09	20	51
桃園縣/市（5位會員正在瀏覽） 貼文請提出實證如新聞報導網址或剪報、法院或警察備案資料 ●允許上傳照片●	星文三街／繳不出房租被趕女子跳樓自殺 Wesker 2013-08-28 15:13	102	273
新竹縣/市（2位會員正在瀏覽） 貼文請提出實證如新聞報導網址或剪報、法院或警察備案資料 ●允許上傳照片●	子自殺 母憂隱匿凶宅 賣房遭判6月 symis 2013-08-24 13:02	97	148

不動產實價登錄

實價登錄機制之發展

促進不動產交易資訊透明化，降低目前不動產資訊不對稱情形，避免不當哄抬房價，在保障民眾隱私權前提下，逐逐步修正相關法令機制，最主要的部分就是實價登錄地政三法。此三法係指不動產經紀業管理條例、地政士法及平均地權條例，於2011年12月13日立法院三讀修正通過。

2012年12月14日起提供單價查詢條件及均價查詢功能，相關網站為內政部不動產交易實價查詢服務網（http://lvr.land.moi.gov.tw）。

尚未作為課稅之依據

內政部推動實價登錄地政三法，係為資訊公開透明。因實價登錄地政三法均有規定已登錄之不動產交易價格資訊，在相關配套措施完全建立並完成立法後，始得為課稅依據；因此在相關配套措施完全建立並完成立法前，不作為課稅依據。

登錄不實可能觸犯刑法

依實價登錄制度之立法意旨觀之，主管機關對申報人申報登錄資料並無實質審查之義務，又各主管機關係於申報人完成申報登錄後，方進行抽查核對登錄資料之正確性，尚非實質審查，故申報不實有可能觸犯刑法第214條使公務員登載不實罪。

網址：http://lvr.land.moi.gov.tw

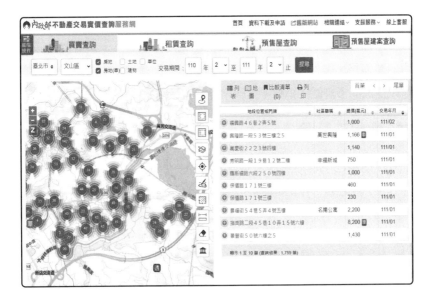

房地產價格資訊

　　雖然現在有實價登錄網可供買賣雙方查到參考的價格，但所謂實價登錄是否真的實價，還是要多抱持著懷疑的態度。以下提供其他可供查詢的資料來源，作為買賣房屋的價格參考。

中華民國房地產交易價格簡訊

　　本書在第四篇價格篇中之「網路鄉民的討論」，有介紹如何從網路上找到相關價格資訊，如果不習慣瀏覽網路資料，內政部地政司1年也有出版四次的紙本書，名為「中華民國房地產交易價格簡訊」，於每年3月、6月、9月及12月按季出版，提供地價資訊作為民間買賣、抵押、投資及政府機關施政之重要參考。（但因為實價登錄制度實施，該資料僅提供到2012年7月前）

仲介發行的刊物

　　仲介發行的刊物，除了有相關的房地產資訊之外，還會提供許多房地產價格，雖然在商言商，這些雜誌也許不是那麼的中立，但還是可以提供許多判斷的指標。比較常見的雜誌例如「住展雜誌」。

591房屋交易網

　　該網站除了提供買屋、租屋資訊外，也可以透過該網站提供的「出售成交行情」，大概瞭解目前該房屋所處區段附近的價位。

591房屋交易網
http://www.591.com.tw

社區的小道消息

公告欄可透露不少資訊

　　要買房子都會去打聽一些消息，避免買到了泡水屋、危樓、輻射屋等，通常在看屋的時候也都會偷瞄一下公告欄，看看繳交管理費的比例，有沒有舉辦社區的活動、管委會的文筆、每月收入與支出的明細，這些公告欄透露的小小訊息，都可以作為購買社區的參考。

　　只是看房子次數通常不會太多，也不太可能看到很長期又很完整的社區內部公告，自然也可能漏掉許多重要的訊息，造成買房子的錯誤判斷，因此有必要透過其他方式補足。

電腦能力比較差

　　目前很多社區都會建立網站或討論區，許多住戶因為習慣使用網路，有時候要提供社區建議，都希望直接在網路上打意見就好，也因此讓網路社區的討論更加盛行。可是因為住的社區年齡層普遍比較高，比較精確的說法應該是說擔任社區管理委員會的委員年齡層都比較高，所以一直沒有數位化。

　　筆者擔任社區委員時，提出網路化的建議，並表示對於部分社區民眾應該會有更多參與的感覺，但就遭到許多老委員的質疑，有必要嗎？做這個要幹什麼？一堆讓人傻眼的質疑實在又好氣又好笑，還好網路上有免費的資源，無論是建立部落格、討論區都有免費的方案可以選擇。只要設定好之後，把如何上網的步驟公告，然後鼓勵住戶加入成為會員，就可以開始測試效果了。

最大的社區網

目前國內有提供社區免費建置社區網，當屬「智邦不動產」網站（http://home.url.com.tw/home-2.0/），該網站除了有買賣房情分析，還有專家開講、討論區，更有「社區網」服務，提供各社區建立一個交流平台，常常看到上頭有提出很多很多的問題，諸如垃圾處理、冷氣滴水，還有一些管委會的管理經驗，以及許許多多的小道消息或八卦。該社區網之建置不但簡單，還可以提供購屋者買屋前的資訊蒐集工作，瞭解這個社區是否和諧，有沒有不可告人的秘辛。

搜尋的方式很簡單，點選網站畫面左方的「社區入口」連結就可以進入。

或者是觀看社區最新消息、人氣社區的選項，或者是隨意瀏覽，也都可以發現許多豐富的訊息。

內政部：各類型契約書範本

利用契約書範本與現行的契約比較

　　契約是買賣不動產最重要的部分，卻也是許多購屋者最輕忽的部分。為什麼最重要卻最輕忽呢？答案很簡單，不懂。因為不懂，所以不看；因為不看，所以簽了不平等條約，事後當然會不爽。

　　實際上，如果不會，沒關係，找範本來比較一下就好。本書在許多章節中都有提到契約書範本，這是內政部為了避免建商、仲介業憑藉著自己的專業，欺壓搞不懂狀況的購屋者，所以撰寫了一些對於買賣雙方均稱公平的契約範本，只要稍加比對，大概就知道契約有哪些地方是不公平而需要與賣方協商修正，以維護自身權益。

契約書範本的種類

　　目前契約書的範本有許多種，包括：

契約書範本類	記載事項與注意事項類
◎成屋買賣契約書範本 ◎房屋租賃契約書範本 ◎預售屋買賣契約書範本履約保證機制補充規定 ◎預售屋買賣契約書範本 ◎不動產委託銷售契約書範本 ◎預售停車位買賣契約書範本	◎成屋買賣定型化契約應記載及不得記載事項 ◎預售屋買賣定型化契約應記載事項履約保證機制補充規定 ◎不動產說明書應記載及不得記載事項 ◎預售屋買賣定型化契約應記載及不得記載事項 ◎不動產委託銷售定型化契約應記載及不得記載事項 ◎預售停車位買賣定型化契約應記載及不得記載事項

網路下載

NO	標題	內容摘要	檔案或連結
1	預售屋買賣契約書範本(99.8.16公告版本)	(一) 預售屋買賣契約書 (二) 簽約注意事項	W
2	預售屋買賣定型化契約應記載及不得記載事項(99.8.16公告100.5.1生效)	(一) 應記載事項 (二) 不得記載事項	W
3	預售屋買賣定型化契約應記載及不得記載事項(98.10.30公告99.5.1生效)	(一) 應記載事項 (二) 不得記載事項	W
4	預售屋買賣契約書範本(98.10.30公告版本)	(一) 預售屋買賣契約書 (二) 簽約注意事項	W
5	不動產說明書應記載及不得記載事項	(一)應記載事項 (二)不得記載事項	W
6	房屋委託租賃契約書範本	(一) 房屋委託租賃契約書 (二) 簽約注意事項	W
7	房屋租賃契約書範本	(一) 房屋租賃契約書 (二) 簽約注意事項	W
8	成屋買賣契約書範本	(一) 成屋買賣契約書 (二) 簽約注意事項	W
9	預售停車位買賣定型化契約應記載及不得記載	(一) 應記載事項 (二) 不得記載事項	W
10	預售停車位買賣契約書範本	(一) 預售停車位買賣契約書 (二) 契約範本使用說明注意事項	W

內政部不動產資訊平台(http://pip.moi.gov.tw/),點進網站導覽後就可以找到契約書範本,找到自己所需要的檔案,點選檔案文字描述後面的「檔案或連結」欄中的連結,下載至自己的電腦中即可。

紙本寄送

有紙本需求者,請以下列方式索取:

- 內政部中部辦公室(不動產交易科)函索,其地址為臺中市南屯區黎明路2段503號,電話:(04)2250-2151。
- 敘明姓名、住址、電話及欲索取資料傳真至內政部中部辦公室(不動產交易科),傳真電話:(04)2250-2372。
- 逕向內政部中部辦公室(不動產交易科)索取。

第八篇

重要法令介紹

買賣房地產涉及到相當多的法令規範，例如民法中有關訂金、買賣契約之成立、瑕疵擔保責任，建築法則涉及許多建案施工的議題，另外如公平交易法、水利法、溫泉法等，買房子時都應該有基本認識。

本篇大綱

怎麼尋找法令

買賣不動產涉及到的法令規範相當繁雜，要詳細分析法令的構成要件，才知道問題該如何解決，道聽塗說不是解決問題的方法。以下將以圖示的方式介紹如何在網路上找到相關法令。

步驟1 連上全國法規資料庫（http://law.moj.gov.tw）。

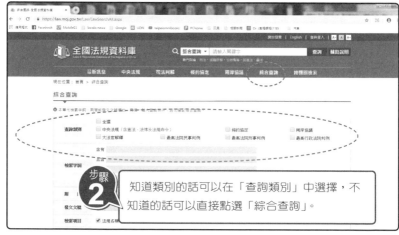

步驟2 知道類別的話可以在「查詢類別」中選擇，不知道的話可以直接點選「綜合查詢」。

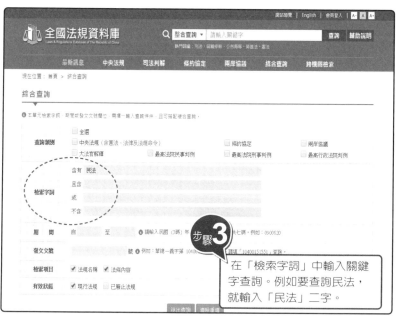

在「檢索字詞」中輸入關鍵字查詢。例如要查詢民法，就輸入「民法」二字。

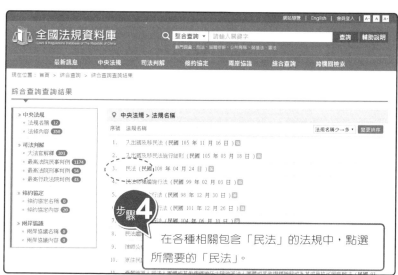

在各種相關包含「民法」的法規中，點選所需要的「民法」。

怎麼尋找判決

買賣不動產時偶有發生爭議而必須訴諸法院，法院判決的結果往往讓購屋者心慌慌，透過下列搜尋判決的流程，可以找到法院可能會做出的判決內容。

步驟 **1**

連上司法院法學資料檢索系統（http://law.judicial.gov.tw）。

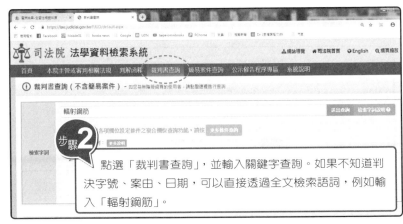

步驟 **2**

點選「裁判書查詢」，並輸入關鍵字查詢。如果不知道判決字號、案由、日期，可以直接透過全文檢索語詞，例如輸入「輻射鋼筋」。

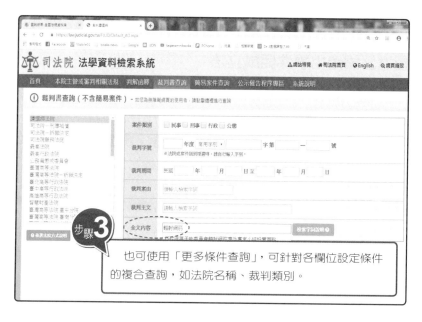

步驟**3**

也可使用「更多條件查詢」，可針對各欄位設定條件的複合查詢，如法院名稱、裁判類別。

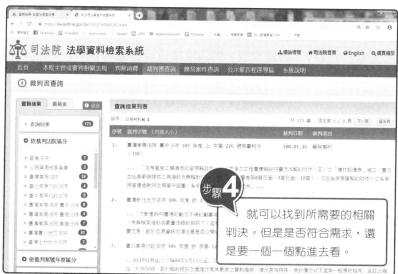

步驟**4**

就可以找到所需要的相關判決。但是是否符合需求，還是要一個一個點進去看。

地質法

國道三號走山事件促成立法

國道三號走山事件震撼了全民的心，使得在少數立委以特殊理由壓了十幾年的地質法得以重見天日，並於沒有什麼建商或利益團體敢抗議的情況下，在2010年11月16日由立法院三讀通過，同年12月8日總統公布施行。

立法目的

該法之立法目的在於為健全地質調查制度，有效管理國土地質資料，建立國土環境變遷及土地資源管理之基本地質資訊，特制定地質法。（地質法§1）主要架構包括地質調查制度、地質資料管理及地質研究以及罰則，總計共22個條文。

地質敏感區域之公告

對於具有特殊地質景觀、地質環境或有發生地質災害之虞之地區，例如順向坡或斷層帶之地區，可以經過公告為地質敏感區域，但即使是被公告為地質敏感區域，也不是禁止開發，只是開發必須經過一定程序的審查，如果限制開發，主管機關對於信賴政府先前的公告所為的開發行為，也會給予一定的補償。（地質法§5、6）

對於還沒有買山坡地或敏感地質的消費者而言，當然是大好消息，因為可以等本法公布後相關制度的調整，再來決定是否要買特定地點的住宅。不過，對於已經住在敏感地質的居民，是會因為地質法的通過而嚴重影響了房價，仍然值得觀察。

地質調查及地質安全評估

　　未來買這些敏感地質的住宅，消費者不必只能信賴建商的信譽，或者是代銷業者的口頭保證。建商在開發之前，依據地質法第8條規定，都必須進行基地地質調查及地質安全評估。而且參與調查評估者，都必須是合法登記執業的應用地質技師、大地工程技師、土木工程技師、採礦工程技師、水利工程技師、水土保持技師辦理並簽證後，才可以進行正式的開發。（地質法 §10）

　　過去林肯大郡、東興大樓，或者是其他地震所造成建築物倒塌的案件，當建商落跑時，可憐的民眾往往求助無門，尤其是一些小建商更是黑心，兩手一攤表示沒錢。不過，民眾總是可以找到一些政府官員沒有確實審查，尤其是施工過程中的監工，讓國家也要負擔一定的責任。可是地質法通過後，這些建商即便通過了調查評估與審核，未來如果不幸發生災害時，還是必須自行負擔相關風險與責任，並不能請求國家賠償。

公平交易法

不實廣告之概念

公平交易法與不動產買賣比較有關係者，當屬不實廣告之規定。

什麼是不實廣告？簡單來說，就是利用各種手段，讓買方願意掏錢購買房屋的方式，而這種手段將掩飾一定程度的事實，導致買方做出錯誤的判斷。

公平交易法第21條第1、2項規定：「Ⅰ事業不得在商品或廣告上，或以其他使公眾得知之方法，對於與商品相關而足以影響交易決定之事項，為虛偽不實或引人錯誤之表示或表徵。Ⅱ前項所定與商品相關而足以影響交易決定之事項，包括商品之價格、數量、品質、內容、製造方法、製造日期、有效期限、使用方法、用途、原產地、製造者、製造地、加工者、加工地，及其他具有招徠效果之相關事項。」

如果不實廣告的商品，較為嚴重的法律效果在同條第3項：「事業對於載有前項虛偽不實或引人錯誤表示之商品，<u>不得販賣</u>、運送、輸出或輸入。」如果房子不得銷售，那可是多麼嚴重的事情，不過以筆者所看過的不實廣告案例，大多是罰罰錢了事而已。

罰多少錢呢？

其處罰之規定在公平交易法第42條：「主管機關對於違反第21條、第23條至第25條規定之事業，得限期令停止、改正其行為或採取必要更正措施，並得處新臺幣5萬元以上2,500萬元以下罰鍰；屆期仍不停止、改正其行為或未採取必要更正措施者，得繼續限期令停止、改正其行為或採取必要更正措施，並按次處新臺幣10萬元以上5,000萬元以下罰鍰，至停止、改正其行為或採取必要更正措施為

止。」最高可以罰到2,500萬元，甚至於5,000萬元，這樣子的處罰不可謂不重，而且還可以連續處罰，差不多就是一棟豪宅了。不過，目前實際上看到的行政處罰金額，大概都是數十萬或上百萬，對於動輒數十億元，甚至於上百億元的建案，根本就不痛不癢，難生有效實際遏阻之功能。

公平交易委員會網站

網址：http://www.ftc.gov.tw

案例分享

【遠雄建設不實廣告案】

就算是知名的建商還是會因為不實廣告受到處罰，例如遠雄建設就曾經因為「永續40年 只有遠雄能」、「遠雄40年」的廣告台詞被抓包，因為公平交易委員會認為遠雄設立還不到40年，且有其他建商已設立超過40年，所以認定廣告不實，而處以50萬元罰鍰。

代銷業者、媒體廣告業者的責任

代銷業者賣房子，與媒體播放不動產廣告，如果有廣告不實的問題，又該負擔什麼責任呢？

依據第21條第5項規定：「廣告代理業在明知或可得而知情形下，仍製作或設計有引人錯誤之廣告，與廣告主負<u>連帶損害賠償責任</u>。廣告媒體業在明知或可得而知其所傳播或刊載之廣告有引人錯誤之虞，仍予傳播或刊載，亦與廣告主負連帶損害賠償責任。廣告薦證者明知或可得而知其所從事之薦證有引人錯誤之虞，而仍為薦證者，與廣告主負<u>連帶損害賠償責任</u>。但廣告薦證者非屬知名公眾人物、專業人士或機構，僅於受廣告主報酬十倍之範圍內，與廣告主負連帶損害賠償責任。」

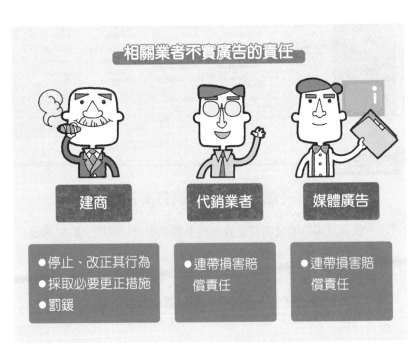

相關業者不實廣告的責任

建商	代銷業者	媒體廣告
●停止、改正其行為 ●採取必要更正措施 ●罰鍰	●連帶損害賠償責任	●連帶損害賠償責任

案例分享

【尚穎公司違反公平交易法】

不動產不實廣告之處罰，是由公平交易委員會所負責，佔不實廣告的大宗，只要連上公平交易委員會的網站，就可以看到時常都有發布有關不動產不實廣告的新聞稿，諸如陽台外推、公共設施是違建，都是常見的不實廣告。

舉例來說，曾有某尚穎建設公司推出的「君臨天下白金特區」之建案，對外廣告宣稱「陽台外移」、「為增加室內使用空間，特將用不到的陽台面積外移，增加面積約1.6坪」。

實際上則是取得使用執照後進行二次施工，因為與原核准竣工圖說有所不同，本應依據建築法第73條第2項規定辦理變更使用執照或依核准圖說恢復原狀，否則屬違規使用，得依建築法第91條規定處罰。

另外，竣工圖與傢具配置參考圖也常常有很大的落差，例如陽台位置標示為「臥室」，或者是將機房標示為「廚房」、「客廳」，導致買方有遭罰鍰、勒令拆除、改建、停止使用或恢復原狀之法律風險，都是屬於不實廣告之一種。

【新板6豪宅1樓違建遭拆除】

　　新北市新板特區有7處豪宅社區的1樓開放空間違規加封，變更為接待大廳等用途，市府到6處社區張貼「（102年）4月1日起」執行拆除公告，於6月間拆除完畢。

　　報導中指出，6處社區違規面積多在數百至千餘平方公尺，都作為接待大廳、管理室或健身房等用途，市府已視開放空間是否完成點交，裁罰建商或管委會6萬至20萬元不等。但開罰管委會部分先前遭訴願會撤銷，認為開罰對象應是區分所有權人，將「重新開罰每戶6萬元」。

　　報導中指出，某社區管委會說，建商推案從售屋DM到領照、交屋以及買賣契約，不曾說明1樓是「開放空間」。管委會已發存證信函給建商擬控告詐欺，不排除控告市府未監督建商，涉嫌瀆職。

建商想要多賣一些坪數

　　從建商的想法，開放空間通常可以享有獎勵容積率或其他好處，可是開放空間會讓房子不好賣，所以很多建商事後都會改建，以避免動用到可以賣的空間（若依法興建大廳、管理室或健身房，會讓可賣空間變少），以符合當初賣房子的廣告。如果還沒賣出，賣相也會比較好，只是出了問題，建商會積極主動來解決嗎？答案通常是……並不會，大家法庭見。

社區住戶的處理模式

其實這些豪宅也別難過，信義計畫區的那一票豪宅也都是一樣被建商騙，現在他們的大花園，全國市民都可以通過，停車場也要開放外人收費停車。豪宅，變成好好笑的住宅。

不過也不要這樣子負面思考，因為開放空間的目的就是讓生活機能更空曠，能與附近的住戶產生緊密的結合，不要有高牆鐵絲網阻礙彼此的互動溝通，開放空間也可以變得很美好。

可不可以特別通融？

就算市政府擺爛不管，附近居民知道了，沒事就丟個檢舉函，保證社區住戶一定不堪其擾。所以，還是守法一些比較好。至於與建商的關係，可以提出相關證據，依據民法的規定請求減少價金，如果有損害，也可以請求損害賠償（例如市政府的行政罰鍰）。

消費者保護法

另外，消費者保護法也有基本規範，由行政院消費者保護委員會負責主導。其基本規定如下：

> **消費者保護法第22條第1項規定**
> 企業經營者應確保廣告內容之真實，其對消費者所負之義務不得低於廣告之內容。
>
> **消費者保護法第23條規定**
> I 刊登或報導廣告之媒體經營者明知或可得而知廣告內容與事實不符者，就消費者因信賴該廣告所受之損害與企業經營者負連帶責任。
> II 前項損害賠償責任，不得預先約定限制或拋棄。

相關法令

建築法第73條第2項規定

建築物應依核定之使用類組使用，其有變更使用類組或有第9條建造行為以外主要構造、防火區劃、防火避難設施、消防設備、停車空間及其他與原核定使用不合之變更者，應申請變更使用執照。但建築物在一定規模以下之使用變更，不在此限。

建築法第91條第1項第1款規定

有左列情形之一者，處建築物所有權人、使用人、機械遊樂設施之經營者新臺幣6萬元以上30萬元以下罰鍰，並限期改善或補辦手續，屆期仍未改善或補辦手續而繼續使用者，得連續處罰，並限期停止其使用。必要時，並停止供水供電、封閉或命其於期限內自行拆除，恢復原狀或強制拆除：

一、違反第73條第2項規定，未經核准變更使用擅自使用建築物者。

●筆 記●

民法

不動產買賣契約中，債權行為就是民法的契約關係，債篇各論中有「買賣」專章的介紹。不過，<u>不動產買賣的法律關係也並不是只有買賣章節而已，還包括訂金、瑕疵擔保、仲介等相關民法規定</u>，以下特簡要敘述之：

訂金

買賣房子都會給付訂金，以確保契約之履行，若違反契約之履行，訂金可能會被沒收，或者是他方不履行，亦可要求加倍返還。

買賣契約

債篇各論共規範27種契約關係，買賣契約排第一位，顯見其重要性。不動產買賣也要簽訂買賣契約，民法買賣章節規定雙方當事人之權利義務關係，其中最重要者當屬「物之瑕疵擔保責任」，共有四種權利，包括解除契約、減少價金、損害賠償、另行交付。

居間

仲介即是屬於居間的一種，也是屬於民法債篇各論的一種契約行為，但是因為有特別法「不動產經紀業管理條例」，應優先適用之，除非未有規定之處，才回頭適用民法之規定。

項目	法令名稱	條號
訂金	民法	第248～249條規定
買賣 （瑕疵擔保責任）	民法	第345～397條規定 （第359～360條、第364條規定）
居間 （仲介）	民法 不動產經紀業管理條例	第565～575條規定 （優先適用）
物權移轉	民法	第758條規定
相鄰關係	民法	第773～798條規定
地上權	民法	第832～841-6條規定
不動產役權	民法	第851～859-5條規定
抵押權	民法	第860～883條規定
區分所有建築物	民法 公寓大廈管理條例	第799～800條規定 （優先適用）

物權

　　不動產之交易則必須依據民法物權之規定，例如必須具備登記、書面之要件。另外，不動產所有權與鄰地常會產生許多相鄰關係，則規定在不動產所有權、不動產役權、地上權之規定。買房子要向銀行貸款，又牽涉到抵押權之規定。

不動產經紀業管理條例

　　不動產經紀業管理條例，正是規範買房子最常接觸的仲介人員的法令依據（其法令架構如右），其中有關與購屋者較為密切之規定，介紹如後。

仲介人員的報酬

　　I 經紀業或經紀人員不得收取差價或其他報酬，其經營仲介業務者，並應依實際成交價金或租金按中央主管機關規定之報酬標準計收。II 違反前項規定者，其已收取之差價或其他報酬，應於加計利息後加倍返還支付人。（不動產經紀業管理條例 §19）

仲介人員的廣告行為

　　I 經紀業與委託人簽訂委託契約書後，方得刊登廣告及銷售。II 前項廣告及銷售內容，應與事實相符，並註明經紀業名稱。III 廣告及銷售內容與事實不符者，應負損害賠償責任。（不動產經紀業管理條例 §21）因為很多廣告都亂貼在電線桿上，所以很多仲介業都申請人頭手機號碼，實在是不環保，賺了佣金在自己的口袋，卻讓環境髒亂的外部成本由社會負擔，實在是讓人難以接受。

不動產說明書是契約的一部分

　　I 雙方當事人簽訂租賃或買賣契約書時，經紀人應將不動產說明書交付與委託人交易之相對人，並由相對人在不動產說明書上簽章。II 前項不動產說明書視為租賃或買賣契約書之一部分。（不動產經紀業管理條例 §24）

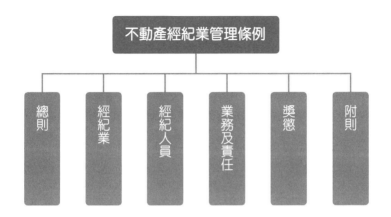

仲介要簽章的文件

　Ⅰ不動產之買賣、互易、租賃或代理銷售，如委由經紀業仲介或代銷者，下列文件應由經紀業指派經紀人簽章：一、不動產出租、出售委託契約書。二、不動產承租、承購要約書。三、訂金收據。四、不動產廣告稿。五、不動產說明書。六、不動產租賃、買賣契約書。Ⅱ前項第1款及第2款之規定，於經營代銷業務者不適用之。Ⅲ第1項第5款之不動產說明書應記載及不得記載事項，由中央主管機關定之。（不動產經紀業管理條例§22）

檢舉爛仲介

　主管機關檢查經紀業之業務，經紀業不得拒絕。（不動產經紀業管理條例§27）有些仲介行為實在乖張，所以可以向內政部或消保會檢舉，讓這些主管機關好好從嚴審核一下這些仲介的不當賣屋行為，以保障消費者權利。

因應實價登錄之修法

　　經營仲介業務者，對於居間或代理成交之租賃案件，應於簽訂租賃契約書之日起30日內，向直轄市、縣（市）主管機關申報登錄成交案件實際資訊（以下簡稱申報登錄資訊）。（不動產經紀業管理條例§24-1 I）

　　經營代銷業務，受起造人或建築業委託代銷預售屋者，應於簽訂、變更或終止委託代銷契約之日起30日內，將委託代銷契約相關書件報請所在地直轄市、縣（市）主管機關備查；並應於簽訂買賣契約書之日起30日內，向直轄市、縣（市）主管機關申報登錄資訊。（不動產經紀業管理條例§24-1 II）

　　前二項申報登錄資訊，除涉及個人資料外，得提供查詢。（不動產經紀業管理條例§24-1 III）

　　已登錄之不動產交易價格資訊，在相關配套措施完全建立並完成立法後，始得為課稅依據。（不動產經紀業管理條例§24-1 IV）

　　第1項、第2項申報登錄資訊類別、內容與第3項提供之內容、方式、收費費額及其他應遵行事項之辦法，由中央主管機關定之。（不動產經紀業管理條例§24-1 V）

　　直轄市、縣（市）主管機關為查核申報登錄資訊，得向交易當事人或不動產經紀業要求查詢、取閱有關文件或提出說明；中央主管機關為查核疑有不實之申報登錄價格資訊，得向相關機關或金融機構查詢、取閱價格資訊有關文件。受查核者不得規避、妨礙或拒絕。（不動產經紀業管理條例§24-1 VI）

　　前項查核，不得逾確保申報登錄資訊正確性目的之必要範圍。（不動產經紀業管理條例§24-1 VII）

　　第1項、第2項受理及第6項查核申報登錄資訊，直轄市、縣

（市）主管機關得委任所屬機關辦理。（不動產經紀業管理條例§24-1 Ⅷ）。

公平提供資訊之義務

經營仲介業務者經買賣或租賃雙方當事人之書面同意，得同時接受雙方之委託，並依下列規定辦理：（不動產經紀業管理條例§24-2Ⅰ）

一、公平提供雙方當事人類似不動產之交易價格。

二、公平提供雙方當事人有關契約內容規範之說明。

三、提供買受人或承租人關於不動產必要之資訊。

四、告知買受人或承租人依仲介專業應查知之不動產之瑕疵。

五、協助買受人或承租人對不動產進行必要之檢查。

六、其他經中央主管機關為保護買賣或租賃當事人所為之規定。

違反者，依據該法第29條之規定，處新臺幣3萬元以上15萬元以下罰鍰，並應令其限期改正，屆期未改正者，按日連續處罰。（不動產經紀業管理條例§29Ⅰ③後段、Ⅱ）

建築法與其他法令

建築業界的憲法

建築法如同是不動產的根本大法，有那種建築憲法的地位。其法律架構如右頁。

許多規範都是由建築法所衍生出來，例如有所謂「建築技術規則總則編」、「建築技術規則建築構造編」、「建築技術規則建築設備編」、「建築技術規則建築設計施工編」、「建築物室內裝修管理辦法」的規定。

不過，一般購屋民眾買房子，也不太需要非常熟悉建築法及其相關法規，只要在購屋過程中發生疑義時，心中可以想到有可能從建築法中找到一些蛛絲馬跡。

建築法中更改使用目的之規定

在本書「公平交易法與不實廣告」乙文中，有提到建築法有關改建的部分，即規定在建築法第73條第2項：「建築物應依核定之使用類組使用，其有變更使用類組或有第9條建造行為以外主要構造、防火區劃、防火避難設施、消防設備、停車空間及其他與原核定使用不合之變更者，應申請變更使用執照。但建築物在一定規模以下之使用變更，不在此限。」所以，許多建商將機車停車位改成公共享樂設施，就必須遵循建築法之規定。

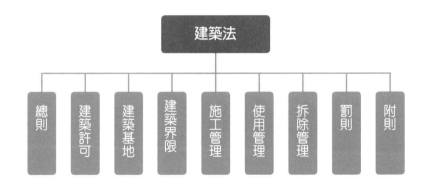

如果對於這些公共享樂設施有所質疑，其依據就是本條，讓建商知道購屋的小市民也是很專業，不能亂呼攏的。另外，依據建築法第91條第1項第1款規定：「有左列情形之一者，處建築物所有權人、使用人、機械遊樂設施之經營者新臺幣6萬元以上30萬元以下罰鍰，並限期改善或補辦手續，屆期仍未改善或補辦手續而繼續使用者，得連續處罰，並限期停止其使用。必要時，並停止供水供電、封閉或命其於期限內自行拆除，恢復原狀或強制拆除：一、違反第73條第2項規定，未經核准變更使用擅自使用建築物者。」

施工勘驗

本書「快快蓋，快快賣」乙文中有提到，建築法規定，建築工程中有所謂施工階段必須勘驗部分，應由直轄市、縣（市）主管建築機關於核定建築計畫時，指定由承造人會同監造人按時申報後，方得繼續施工，主管建築機關得隨時勘驗之。（建築法§56Ⅰ）

第九篇

如何打贏官司

買賣房地產如果發生爭議，可以透過和解、調解來解
決，萬不得已可能要面臨打官司，如何保障權益？如
何進行假扣押？如何撰寫訴狀？如何進行強制執行？
本篇都有基本的介紹。

本篇大綱

怎麼尋找書狀範例

如果必須要透過官司的程序來爭取自己的權利，就必須瞭解如何寫訴狀與法院溝通，但是小市民通常沒有唸過法律，即便是唸過法律，如果沒有實務經驗，也不太會寫這些狀紙。但是，實際上並不會太困難，只要搞懂這些格式，再找些書來進修研究，自己也可以成為訴狀專家。

步驟 **1**
連上司法院，網址為 http://www.judicial.gov.tw。點選「便民服務」。

步驟 **2**
再點選「書狀範例」。（建議按右鍵，選擇「在新視窗開啟連結」）實際位置可能會因為網頁版型的修改而有所變動。

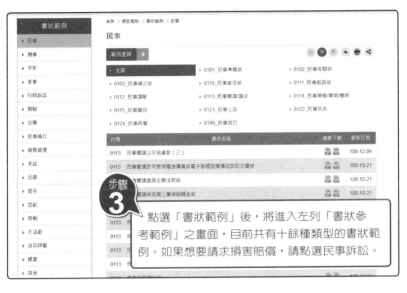

步驟 3

點選「書狀範例」後,將進入左列「書狀參考範例」之畫面,目前共有十餘種類型的書狀範例。如果想要請求損害賠償,請點選民事訴訟。

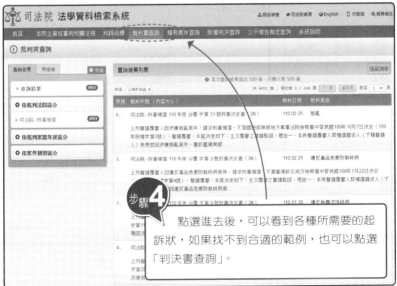

步驟 4

點選進去後,可以看到各種所需要的起訴狀,如果找不到合適的範例,也可以點選「判決書查詢」。

30	聲請圈發狀	民事訴訟法第242條第1項
31	民事起訴狀（一般）	民事訴訟法第244條
32	民事起訴狀（借款）	
33	民事起訴狀（給付票）	
34	民事起訴狀（損害賠）	
35	民事起訴狀（拆屋還）	
36	民事起訴狀（確認）	
37	民事起訴狀（不當得）	
38	民事起訴狀（返還房）	
		確認本　　　　　44條、民事訴訟法第247條、非訴事件
		所有權　　　　　44條、民法第758條
		拆除地　　　　　44條、民法第767條、民法第821條
42	民事起訴狀（請求給付會款）	

右鍵選單：
閱覽(O)
在新索引標籤中開啟(W)
在新視窗開啟(N)
另存目標(A)
列印目標(P)
剪下
複製(C)
複製捷徑(T)
貼上(P)
利用 Live Search 來翻譯
利用 Windows Live 來傳送電子郵件
利用 Windows Live 來撰寫部落格
所有加速器
加到我的最愛(F)
Foxy 下載
Foxy 搜尋
內容(R)

步驟 5

在所選取的訴狀範本連結，按右鍵，將檔案存在自己的電腦中。

步驟 6

點開所存取的檔案，會看到左邊範例的內容，第一頁通常都是原告、被告個人資料，以及一些案號、股別、訴訟標的金額或價額的基本資料。

通常第一次打官司時，不必寫案號與股別，原告、被告的個人資料也不必寫得太清楚，但通常需要姓名、地址、電話，最好有身分證字號。

民事起訴狀（一般）

案　　號		年度	字第	號	承辦股別	
訴訟標的金額或價額		新臺幣				元
稱　　謂	姓名或名稱	依序填寫：國民身分證統一編號或營利事業統一編號、性別、出生年月日、職業、住居所、就業處所、公務所、事務所或營業所、郵遞區號、電話、傳真、電子郵件位址，指定送達代收人及其送達處所。				
原　　告	○○○	國民身分證統一編號（或營利事業統一編號）： 性別：男／女　　主日：　　　　　職業： 住： 郵遞區號：　　　　　電話： 傳真： 電子郵件位址： 送達代收人： 送達處所：				
被　　告	○○○	國民身分證統一編號（或營利事業統一編號）： 性別：男／女　　主日：　　　　　職業： 住： 郵遞區號：　　　　　電話： 傳真： 電子郵件位址： 送達代收人： 送達處所：				

為請求○○○撥還訴訟事：

　訴之聲明

一、被告應……，

二、訴訟費用由被告負擔，

三、願供擔保，請准宣告假執行，

　事實及理由

(請說明事實、理由及所引證據)

　此　致

○○○○地方法院　公鑒

證物名稱 及　件　數	

中　華　民　國　　　年　　　月　　　日

　　　　　　　具狀人　　　　　簽名蓋章

　　　　　　　撰狀人　　　　　簽名蓋章

步驟 7

範本的第二頁則提供起訴狀的基本格式。

但是要會填寫恐怕還是有困難，建議可以參考市售的相關打官司系列的書籍，以協助完整地填寫相關內容，也可以上網找找看有沒有相類似案件的判決，可以學幾句寫在自己的起訴書中。

參考書籍

● 錢世傑，《圖解民事訴訟：第一次打民事官司就OK！》，十力文化

● 錢世傑，《圖解刑事訴訟：第一次打刑事官司就OK！》，十力文化

● 錢世傑，《圖解車禍資訊站：第一次打車禍官司就OK！》，十力文化（本書亦有許多民事訴訟書狀的範本）

和解

民法和解

　　和解，是當事人之間最常且最容易解決不動產買賣糾紛的方式。

　　民法上的和解，指當事人約定，互相讓步，以終止爭執或防止爭執發生之契約。此種和解，並不需要透過法院或其他第三人，即可成立。一般當事人私底下的和解，通常就是民法上的和解。

民法第736條規定
　　稱和解者，謂當事人約定，互相讓步，以終止爭執或防止爭執發生之契約。

訴訟上和解

　　訴訟和解和一般民法規定的和解並不一樣，是指當事人在訴訟過程中，就雙方的主張互相讓步，達成合意，並將結果向法院陳報的訴訟行為。法院不問訴訟程度進行的如何，隨時可以嘗試進行和解。

　　訴訟和解雖然不是法院的判決，但是其效力，與確定判決，有同一之效力。

民事訴訟法第377條第1項規定
　　法院不問訴訟程度如何，得隨時試行和解。受命法官或受託法官亦得為之。

前述民法上的一般和解，如果對方不履行，充其量只是一種書證。和解內容，能證明當事人之間曾經發生過的事情，並沒有與確定判決一樣的效力，如果要有執行力，還是必須經過訴訟的程序，經過判決確定後，才能作為強制執行的執行名義。

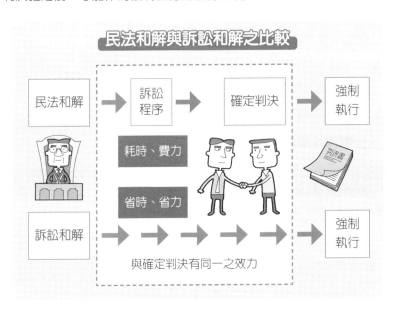

民法和解與訴訟和解之比較

和解，不要只是傻傻的和解，必須注意下列事項：

考量因素	可能發生的狀況
有沒有第三人在場？	如果沒有第三人，可能和解完之後又翻臉不認帳，還說是被你逼的。
要不要公證？	民法上的和解書只能作為證據之用，經過公證才可以直接強制執行。
會不會脫產？	如果會，可能就要趕緊假扣押對方的財產，否則達成和解後，恐怕有無法履行之風險。

調解

鄉鎮調解委員會之調解

　　調解委員會由地方上之素孚眾望，或熟諳法律之熱心人士所組成，免費為民眾調解關於民事及刑事上告訴乃論之糾紛案件，調解一經成立，經送管轄法院核定後，其效力等同法院判決。若一方不履行，他方可向法院聲請強制執行。調解委員會的調解，不但省錢，而且少了訴訟上的衝突感，更重要的是其效力非常強大。

一、去哪裡找調解委員會？

兩造住居所	管轄的調解委員會
相同的鄉、市、鎮	相同住居所的調解委員會
不在相同的鄉、市、鎮	民事事件由他造住、居所、營業所、事務所所在地之鄉、鎮、市調解委員會調解。 刑事事件由他造住居所所在地，或犯罪地之鄉、鎮、市調解委員會調解。
兩造同意，並經接受聲請之鄉、鎮、市調解委員會同意者	得由該鄉、鎮、市調解委員會調解

相關法令

鄉鎮市調解條例第11條
　　聲請調解，民事事件應得當事人之同意；告訴乃論之刑事事件應得被害人之同意，始得進行調解。

二、怎麼聲請調解？

原則上要以書面聲請，填好聲請書交給服務人員提出聲請即可。如果不會填寫，可以攜帶國民身分證、印章，以口頭陳述，由調解委員會的人員協助填寫。也可以由地方村里幹事代為填寫，再向調解委員會提出。

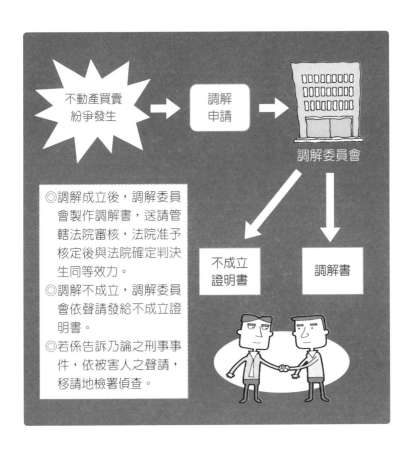

不動產買賣紛爭發生 ➡ 調解申請 ➡ 調解委員會

◎調解成立後，調解委員會製作調解書，送請管轄法院審核，法院准予核定後與法院確定判決生同等效力。

◎調解不成立，調解委員會依聲請發給不成立證明書。

◎若係告訴乃論之刑事事件，依被害人之聲請，移請地檢署偵查。

不成立證明書

調解書

訴訟前之調解

　　因特定不動產爭議發生爭執者，依據民事訴訟法的規定，於民事官司起訴前，應該要先經過法院調解，其規定如下：

> **民事訴訟法第403條第1項第1～4款**
>
> 下列事件，除有第406條第1項各款所定情形之一者外，於起訴前，應經法院調解：
>
> 一、不動產所有人或地上權人或其他利用不動產之人相互間因相鄰關係發生爭執者。
>
> 二、因定不動產之界線或設置界標發生爭執者。
>
> 三、不動產共有人間因共有物之管理、處分或分割發生爭執者。
>
> 四、建築物區分所有人或利用人相互間因建築物或其共同部分之管理發生爭執者。

一、調解委員

　　調解由法官選任調解委員1至3人先行調解，俟至相當程度有成立之望或其他必要情形時，再報請法官到場。但兩造當事人合意或法官認為適當時，亦得逕由法官行之。（民訴§406-1 II）

　　當事人對於前項調解委員人選有異議或兩造合意選任其他適當之人者，法官得另行選任或依其合意選任之。（民訴§406-1 III）調解委員行調解時，由調解委員指揮其程序，調解委員有2人以上時，由法官指定其中1人為主任調解委員指揮之。（民訴§407-1）

二、調解期日到場

法官於必要時，得命當事人或法定代理人本人於調解期日到場；調解委員認有必要時，亦得報請法官行之。（民訴§408）當事人無正當理由不於調解期日到場者，法院得以裁定處新臺幣3,000元以下之罰鍰；其有代理人到場而本人無正當理由不從前條之命者亦同。（民訴§409）

三、第三人之參與及專家意見

就調解事件有利害關係之第三人，經法官之許可，得參加調解程序；法官並得將事件通知之，命其參加。（民訴§412）例如保險公司，通常就是所謂有利害關係的第三人。

四、調解之成立與否

調解經當事人合意而成立；調解成立者，與訴訟上和解有同一之效力（鄉鎮市調解條例§27 II前段）。當事人兩造於期日到場而調解不成立者，法院得依一造當事人之聲請，按該事件應適用之訴訟程序，命即為訴訟之辯論，並視為調解之聲請人自聲請時已經起訴。（民訴§419 I、II）當事人兩造或一造於期日不到場者，法官酌量情形，得視為調解不成立或另定調解期日。（民訴§420）

保全程序——假扣押

什麼是假扣押？

設想如果不動產發生嚴重事件，例如九二一地震倒塌，建商有錢可以賠，但卻打算脫產落跑。搞不清楚的當事人等到纏訟多年後，終於取得勝訴的確定判決，當以為正義得以聲張之際，進行強制執行程序時才發現對方卻脫產殆盡。

為了避免當事人脫產，有必要將賠償義務人的財產進行暫時性的扣押，賠償義務人不得將被扣押的財產任意處分。因此，所謂假扣押並不是將財產拍賣出售，而只是「暫時性」地處分財產。

假扣押聲請	查詢財產	辦理提存與執行
● 撰寫假扣押聲請書 ● 擔保金額	● 向戶政機關調閱戶籍資料 ● 向國稅局查詢債務人之財產 ● 向其他單位查詢	● 先辦理提存 ● 提出「假扣押強制執行聲請狀」

撰寫假扣押聲請書

假扣押聲請書的格式，可以連上前述提到的司法院網站（http://www.judicial.gov.tw）「書狀範例」的連結中，就有提供假扣押的書狀範例。寫完假扣押聲請書狀後，就可以拿到法院遞狀。如果你沒有遞狀的經驗，千萬別擔心，目前法院的服務都不錯，有服務台可以詢問，也有「訴訟輔導」服務，提供初步的訴訟諮詢。

擔保金額大概是多少？

假扣押對於當事人的影響甚鉅，當然不能恣意為之，因此除了提出能說服法官的理由之外，就是要提出一定的擔保，通常都是金錢作為擔保。

通常對於假扣押的原因必須要說明清楚（釋明），如果說明不足，法院可以要求相當的擔保，在提出擔保後，法院再准予假扣押。擔保的金額通常是假扣押金額的三分之一，例如100萬元，擔保金大約是33萬元。

聲請人要考量自身的「現金流量」，因為如果假扣押100萬元，就必須提出約33萬元，這筆錢通常會提存很長一段時間無法運用。所以也可以要求一部分的假扣押，例如只主張假扣押60萬元，那就只需要提出20萬元的現金。

參考書籍

- 錢世傑，《圖解民事訴訟：第一次打民事官司就OK！》，十力文化

查詢財產

假扣押要有扣押的標的。只是相對人有多少存款、多少房子，基於個人隱私，本來是不能隨意查詢，但是法院作出假扣押裁定後，聲請人即可依據假扣押裁定，合法地查詢債務人的財產狀況。

不過要查詢財產狀況前，如果不知道當事人的基本資料，還必須先向戶政機關調閱戶籍資料，尤其是身分證字號，再據以向國稅局查詢債務人之財產，如薪資帳戶、利息帳戶、土地……等。如果只有菜市場名字，恐怕人數眾多，就會比較難找出來對象是誰，所以簽約的時候最好留下身分證資料。

不過，國稅局查出來的資料並不是最新的。想想看，每年5月報稅也是報去年的稅，所以5、6月以後向國稅局查資料，才有可能查到去年的資料，如果是5、6月以前，恐怕只能查到前年的資料。

假扣押經法院裁定後，超過30日時，就不能聲請執行。因此，查詢資料也當然要在30日的期限內完成，否則也不能向國稅局查相對人的財產資料，此一時間要特別注意，以免時間過了，要再次向法院聲請，可能法院就不會再准了。

辦理提存與執行

聲請人須依假扣押裁定內容辦理提存，如法院要求提供擔保金33萬元，就必須將33萬的現金或定存單等擔保品提交法院提存所。提存程序必須填寫「提存書」。

這時候法院會依據假扣押裁定的金額，要求繳付一定的提存費用，通常是三分之一，100萬元的三分之一大約就是33萬元。可是當初聲請的金額若太高（譬如損害賠償金額是100萬元），可能查詢出來的財產都沒那麼多（只有20萬元），這時候未必要以損害賠償的金額向法院聲請假扣押之裁定，如果判斷對方沒什麼財產，或者是自己提存的金額拿不出來太多，可以少聲請一些，例如請求法院裁定假扣押30萬元，如此一來，三分之一大約就是9萬元，這一筆資金因為要放在法院一段時間，對於自己資金上也比較沒有太大的壓力。

假扣押還要再撰寫「假扣押強制執行聲請狀」，可以連上司法院網站（http://www.judicial.gov.tw）「書狀範例」的連結中，就有提供假扣押的書狀範例。

參考書籍

● 錢世傑，《圖解民事訴訟：第一次打民事官司就OK！》，十力文化

起訴程序

　　訴狀，是打官司的關鍵技巧開始。一定要撰寫訴狀，法院才會開始受理案件，不能只透過口頭聲明，或者是像古代擊鼓鳴冤，這些法院都不會受理的，學習如何寫訴狀，才能順利與法院進行溝通。

　　至於所謂的擊鼓鳴冤，現在各級法院檢察署都各裝設有電鈴一具，定名「申告鈴」，常看到很多爭議案件中的當事人帶著一堆媒體在按鈴申告，也算是另類的擊鼓鳴冤。

訴狀的基本格式

　　訴狀有一定的基本格式，包括狀紙的名稱、案號、股別、訴訟標的、起訴事由等，其他還有受理的法院、證物名稱及件數、具狀人，以及日期。同樣地，可以連上司法院網站（http://www.judicial.gov.tw），在「書狀範例」的連結中就有提供訴狀的範例。

　　以起訴狀為例，最主要是訴之聲明及事實及理由等兩大部分。相關基本的格式，民事訴訟法第244條第1項也有規定：

　　起訴，應以訴狀表明下列各款事項，提出於法院為之：
　　一、當事人及法定代理人。
　　二、訴訟標的及其原因事實。
　　三、應受判決事項之聲明。

高額的律師費用與訴訟費用

繁雜的訴訟程序確實讓人很心煩,該怎麼辦呢?因為不動產買賣糾紛,涉及的金額相當高,如果不懂法律,很容易就吃了程序上的虧,所以在此當然就是建議花錢聘請律師囉!可是聘請律師的費用相當高昂,單一審級的基本律師費用少說也要4到8萬元,甚至於複雜的案件還要更高。

捨不得花怎麼辦?如果符合一定經濟上困難的條件,就可以向法律扶助基金會聲請救助,會派一位免費的律師幫你打官司,但先不要期望太高,還要符合一定的條件,並不是人人都可以聲請的,尤其是不動產買賣爭議,可以買得起房子的人通常都有一定的資力,要通過資格審查恐怕就會有問題。無論如何,一個上百萬,甚至於上千萬的不動產訴訟標的,花個幾萬元打官司,投資報酬是有必要的。

此外,還有訴訟費用,大約是訴訟標的的1%,所以不要亂主張金額,隨便就喊個1億元,一審的訴訟費用就要100萬元,比律師費貴上許多,如果打到二、三審,訴訟費用還更貴,300、400萬跑不掉,即便法院判決被告應賠償500萬元,就被律師費以及訴訟費用吃光了,真正進自己口袋的部分少之又少。

參考書籍與單位

- 錢世傑,《圖解民事訴訟:第一次打民事官司就OK!》,十力文化
- 法律扶助基金會,http://www.laf.org.tw

強制執行程序

受害人取得執行名義，如確定判決，加害人若不自動履行，則經由受害人向法院聲請，透過國家公權力的協助達到滿足債權的目的，稱之為強制執行。

與假扣押不同之處，假扣押的「假」是暫時的意思，也就是為了避免債務人脫產，所為暫時性的緊急處置，法院尚未判決聲請人有合法拍賣財產的權利，只是讓特定的財產暫時不能移轉處分；而強制執行則是法院正式宣告有權利可以拍賣債務人的財產。

調查財產

與假扣押一樣，調查財產是強制執行程序中最重要的一部分，如果對方沒有財產，可能最後只能得到債權憑證，勝訴也只是空歡喜一場。調查財產的方式，例如向國稅機關調閱，也可以向法院聲請債務人財產，更可以請法院出面，命令債務人報告財產狀況。

聲請執行

強制執行是指由債權人具狀向執行法院聲請強制執行。只要有了執行名義，也知道債務人的具體財產的數量及位置後，就可以開始寫狀紙，聲請執行法院進行強制執行。同樣地，聲請強制執行的書狀格式，可以連上司法院網站（http://www.judicial.gov.tw），在「書狀範例」的連結中就有提供假扣押的書狀範例。

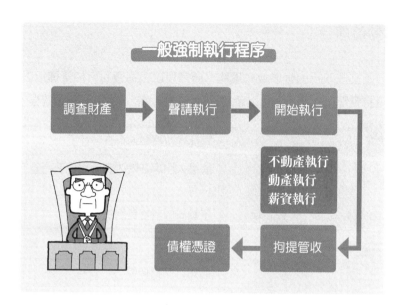

執行費用

　　強制執行費用與先前提到的訴訟費用並不一樣，指聲請強制執行，從查封、測量、鑑價、拍賣登報等等，統稱為執行費用。執行費用由債務人負擔，但是須先由債權人預納。

執行標的金（價）額	執行費用
5,000元以下	0元（免徵）
超過5,000元	8元／每千元

　　非財產案件，執行費用3,000元。其他未規定者，準用民事訴訟法的規定。

不動產執行

不動產執行的程序較為複雜，通常可以包括查封、拍賣進行以及完成拍賣階段。基本上可以參考下列流程表，能初步瞭解整個過程：

Step 1 查封階段	A	囑託地政機關進行查封登記
	B	債權人引導法院人員至現場執行查封行為
	C	不動產的測量與調查

↓

Step 2 拍賣進行階段	A	通知行使抵押權
	B	鑑價程序
	C	拍賣公告、通知
	D	拍定
	E	通知優先購買權人行使權利

↓

Step 3 完成拍賣階段	A	繳交價款
	B	塗銷查封、抵押權登記
	C	發權利移轉證明書
	D	製作分配表、定期分配及領取價款
	E	點交

動產執行

不動產通常價值比較高，債權人較喜歡查封拍賣不動產，當不動產不足以清償債權的時候，才會轉而向法院請求查封動產。

檢附執行名義向法院民事執行處聲請強制執行，民事執行處收到聲請狀後會分案，分到案件股的書記官會寄發執行通知，債權人依據通知時間到法院引導執行，進行現場指封，由書記官製作查封筆錄，由執達員貼上封條。

一、要查封什麼動產？

當然是尋找屋子內較值錢的珠寶、股票、電器用品或鋼琴類的財物進行查封，但是常常在法院動產拍賣的物品中，還會看到椅子、旅行箱、紙箱、雨傘、內褲等，千奇百怪、無奇不有；甚至於還會看到水井、果樹等不可思議的項目，真不知道這些東西有人會去投標嗎？

二、查封汽車

實務上通常不太會去查封車輛，因為車輛常有貸款，貸款金額往往會高於車輛的殘餘價值，因此，除非車輛已無貸款，或價值不菲（如古董車），查封車輛才比較有實益。

市面上也有很多的「權利車」，就是欠了銀行貸款沒繳，隨時可能被拖走，就會以很低的價格賣給別人，但所有權還是原車主，只有使用的權利。有些人買不起賓士，但用五分之一，甚至於更低的價格就可以開到賓士車，而且繳稅還是原車主繳交，有的更狠，就隨便亂飆車、闖紅燈，罰單也都是原車主繳納。

薪資執行

薪資的執行，是指每月應領薪資。

範圍為何呢？是指最低薪資嗎？還是全薪？有沒有包括獎金呢？

如果只是底薪，以執行三分之一來計算，相較於全薪而言，債權要獲得清償可能要花更多的時間了。而且假設薪資是指底薪，很多人就會走巧門，要求老闆將其原本4萬元的薪水，底薪本來是3萬元，其他津貼、獎金等是1萬元，這樣子要執行3萬元的三分之一，也就是1萬元；當發現薪資要被執行時，就要求老闆將底薪改為2萬元，其他津貼、獎金等是3萬元，如此一來只要執行2萬元的三分之一，也就是大約6、7,000元，這樣子並不合理。

薪資的部分並非最低薪資，而是全薪：

每月應領薪資＝薪俸＋各種津貼＋獎金＋補助費……等

其中有關獎金的部分，範圍很廣，包括：

獎金＝工作獎金＋年終獎金＋考核獎金＋紅利……等

拘提管收

拘提是強制債務人到場接受詢問的一種強制處分；管收是一種為了促使債務人履行債務，在一定期間內，限制債務人於一定處所的強制處分。

廣告界名人范可欽因積欠前妻贍養費188萬元，前妻獲得勝訴判決後聲請強制執行，范某表示無力履行，法官要求范某先行給付50萬元，否則予以管收，其餘金額則將傳喚債權人協調酌減。

債權憑證

聲請強制執行後，若債務人沒有財產可供執行，法院就會發給債權憑證，此憑證可以調閱債務人的財產所得，等到債務人有財產的時候，再予以強制執行。

債務人為了避免債權人的催討，名下通常不會置產，有人認為債權憑證形同「壁紙」。因此，為了降低債務人的防備心，建議過一段時間按兵不動，讓債務人誤以為放棄追討，有時候名下就開始置產了，屆時聲請執行才可達到效果。

若是把戰線拉長，或許幾年後債務人死亡，繼承人又未辦理拋棄繼承，仍可以繼續向繼承人的財產加以執行。法院債權憑證時效5年，每5年一到你要換發新的債權憑證，確保債權的時效性。（民§137Ⅲ）

庭期表查詢

　　與開庭進度有關者，則是庭期表查詢，如果你忘記自己的庭期，可以直接上網查詢，就可以查到完整的基本資料。

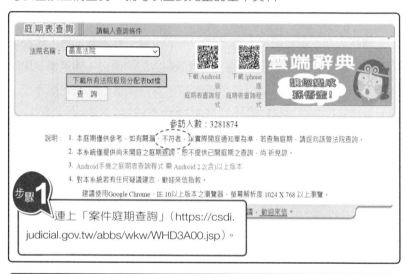

步驟**1** 連上「案件庭期查詢」（https://csdi.judicial.gov.tw/abbs/wkw/WHD3A00.jsp）。

步驟**2** 選擇所要查詢的法院。

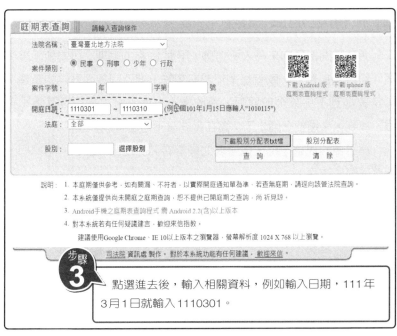

說明： 1. 本庭期僅供參考，如有闕漏、不符者，以實際開庭通知單為準。若查無庭期，請逕向該管法院查詢。

2. 本系統僅提供尚未開庭之庭期查詢，恕不提供已開庭期之查詢，尚祈見諒。

3. Android手機之庭期表查詢程式 需 Android 2.2(含)以上版本

4. 對本系統若有任何疑議建言，歡迎來信指教。

建議使用Google Chrome、IE 10以上版本之瀏覽器，螢幕解析度 1024 X 768 以上瀏覽。

司法院 資訊處 製作，對於本系統功能有任何建議，歡迎來信。

步驟③ 點選進去後，輸入相關資料，例如輸入日期，111年3月1日就輸入1110301。

臺灣臺北地方法院

下載查詢結果(CSV格式)

筆數	類別	年度	字別	案號	開庭日期	開庭時間	法庭	股別	庭類
1	民事	111	家非調	16	111/03/10	0900	調解室(五)二樓	定調	調解
2	民事	111	家調	93	111/03/10	0900	調解室(一)二樓	和調	調解
3	民事	108	建	314	111/03/10	0910	第25法庭	護	言詞辯論
4	民事	110	智	25	111/03/10	0925	第21法庭	金	宣判
5	民事	111	除	381	111/03/10	0925	第21法庭	金	宣判
6	民事	111	除	434	111/03/10	0925	第21法庭	金	宣判
7	民事	111	除	442	111/03/10	0925	台北簡易庭第6法庭	誠	言詞辯論
8	民事	111	除	525	111/03/10	0925	第21法庭	金	宣判
9	民事	111	訴	581	111/03/10	0925	第21法庭	金	宣判
10	民事	111	訴	795	111/03/10	0925	第21法庭	金	言詞辯論
11	民事	111	除	3	111/03/10	0926	台北簡易庭第6法庭	誠	言詞辯論
12	民事	111	訴				台北簡易庭第6法庭		
13	民事	111	訴						
14	民事	111	訴						
15	民事	109	重訴	1110	111/03/10	0930	第31法庭	知	準備程序

步驟④ 查詢完成後，就會提供該日案件的相關資料，使用上非常簡單與方便。

開庭進度查詢

開庭時間拖延向來為人所詬病，早上11點的庭期，因為前面幾個案件辯論過於精彩，或者是案情過於複雜，拖延到後面案件的審理，常常會拖到下午甚至於更晚，對於當事人而言，本來只打算請半天假，搞到後來還要多請半天，實在是非常不方便。

為了便利民眾，現在還可以上網查看開庭進度，以下介紹如何上網查閱開庭進度：

步驟1：連上「案件進度查詢」（https://csdi.judicial.gov.tw/ctstate/）。

步驟2：點選進去後，就可以選擇查詢的法院。

步驟3
再選擇裁判類別,與法庭別。本例為查詢臺灣臺北地方法院,民事以及第22法庭。

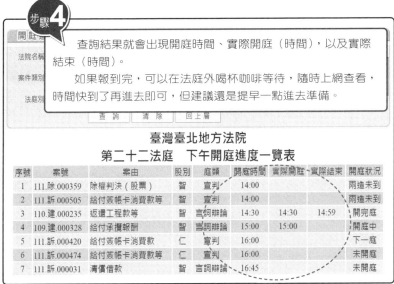

步驟4
查詢結果就會出現開庭時間、實際開庭(時間),以及實際結束(時間)。

如果報到完,可以在法庭外喝杯咖啡等待,隨時上網查看,時間快到了再進去即可,但建議還是提早一點進去準備。

臺灣臺北地方法院
第二十二法庭　下午開庭進度一覽表

序號	案號	案由	股別	庭類	開庭時間	實際開庭	實際結束	開庭狀況
1	111.除.000359	除權判決(股票)	智	宣判	14:00			兩造未到
2	111.訴.000505	給付簽帳卡消費款等	智	宣判	14:00			兩造未到
3	110.建.000235	返還工程款等	智	言詞辯論	14:30	14:30	14:59	開完庭
4	109.建.000328	給付承攬報酬	智	言詞辯論	15:00	15:00		開庭中
5	111.訴.000420	給付簽帳卡消費款	仁	宣判	16:00			下一庭
6	111.訴.000474	給付簽帳卡消費款等	仁	宣判	16:00			未開庭
7	111.訴.000031	清償借款	智	言詞辯論	16:45			未開庭

完整的法院資訊服務

早期沒有開庭進度查詢的服務,所以許多人準時到了法院,還是必須碰運氣才能確定自己真正的開庭時間,尤其是碰到前一個案子雙方交互詰問攻防相當激烈,審理的時間就會延長,自己的案子也就因此拖延了。所以,開庭進度查詢可以說是一個相當貼心的服務,現在網路人口眾多,速度也很快,所以隨時可以查詢法庭審理案件的進度,避免不必要的開庭枯等時間。

《圖解法學緒論》

法學緒論難讀易混淆
圖例解析一次就看懂

　　法學緒論難以拿高分最大的問題在於範圍太廣，憲法、行政法、民法、刑法這四科，就讓人望而生畏、頭暈目眩了。筆者將多年分析的資料整理起來，將歷年菁華考題與解析集結成冊，讓讀者能隨時獲得最新的考題資訊。

《圖解行政法》

行政法體系龐雜包羅萬象
圖解行政法一本融會貫通

　　本書以考試實務為出發點，以理解行政法的概念為目標。輔以淺顯易懂的解說與一看就懂的圖解，再加上耳熟能詳的實例解說，讓你一次看懂法條間的細微差異。使你實力加分，降低考試運氣的比重，那麼考上的機會就更高了。

《圖解憲法》

憲法理論綿密複雜難懂
圖例解題讓你即學即用

　　反省傳統教科書與考試用書的缺點，將近年重要的憲法考題彙整，找出考試趨勢，再循著這條趨勢的脈絡，參酌憲法的基本架構，堆疊出最適合學習的憲法大綱，透過網路建置一套完整的資料增補平台，成為全面性的數位學習工具。

—— 最深入淺出的國考用書

《圖解民法》
民法千百條難記易混淆
分類圖解後馬上全記牢

　　本書以考試實務為出發點，由時間的安排、準備，到民法的體系與記憶技巧。並輔以淺顯易懂的解說與一看就懂的圖解，再加上耳熟能詳的實例解說，讓你一次看懂法條間的細微差異。

《圖解刑法》
誰說刑法難讀不易瞭解？
圖解刑法讓你一看就懂！

　　本書以圖像式的閱讀，有趣的經典實際案例，配合輕鬆易懂的解說，以及近年來的國家考試題目，讓讀者可將刑法的基本觀念印入腦海中。還可以強化個人學習的效率，抓準出題的方向。

《圖解刑事訴訟法》
刑事訴訟法程序易混淆
圖解案例讓你一次就懂

　　競爭激烈的國家考試，每一分都很重要，不但要拼運氣，更要拼實力。如果你是刑事訴訟法的入門學習者，本書的圖像式記憶，將可有效且快速地提高你的實力，考上的機率也就更高了。

《圖解國文》
典籍一把抓、作文隨手寫
輕鬆掌握國考方向與概念

　　國文，是一切國家考試的基礎。習慣文言文的用語與用法，對題目迎刃而解的機率會提高很多，本書整理了古文名篇，以插圖方式生動地加深讀者印象，熟讀本書可讓你快速地掌握考試重點。

《刑事訴訟》

刑事訴訟法並不是討論特定行為是否成立刑法罪名的法律,主要是建立一套保障人權、追求正義的調查、審判程序。而「第一次打官司就OK!」系列,並不深究學說上的理論,旨在如何讓讀者透過圖解的方式,快速且深入理解刑事訴訟法的程序與概念。

《圖解數位證據》

讓法律人能輕鬆學習
數位證據的攻防策略

數位證據與電腦鑑識領域一直未獲國內司法機關重視,主因在於法律人普遍不瞭解,導致實務上欠缺審理能力。藉由本書能讓法律人迅速瞭解數位證據問題的癥結所在,以利法庭攻防。

《圖解車禍資訊站》

車禍糾紛層出不窮!保險有用嗎?國家賠償如何申請?

作者以輕鬆的筆調,導引讀者學習車禍處理的基本觀念,並穿插許多案例,讓讀者從案例中,瞭解車禍處理的最佳策略。也運用大量的圖、表、訴狀範例,逐一解決問題。

《圖解不動產買賣》

買房子一定要知道的基本常識!一看就懂的工具書!

多數的購屋者因為資訊的不透明,以及房地產業者拖延了許多重要法律的制定,導致購屋者成為待宰羔羊。作者希望本書能讓購屋者照著書中的提示,在購屋過程中瞭解自己在法律架構下應有的權利。

最輕鬆易讀的法律書籍

《圖解法律記憶法》

這是第一本專為法律人而寫的記憶法書籍！

記憶，不是記憶，而是創意。記憶法主要是以創意、想像力為基礎，在大腦產生神奇的刻印功效。透過記憶法的介紹，讓大多數的考生不要再花費過多的時間在記憶法條上，而是運用這些方法到考試科目，是筆者希望能夠完成的目標。

《圖解民事訴訟法》

本書透過統整、精要但淺白的圖像式閱讀，有效率地全盤瞭解訴訟程序！

民法與民事訴訟法，兩者一為實體法，一為程序法。換個概念舉例，唱歌比賽中以歌聲的好壞決定優勝劣敗，這就如同民法決定當事人間的實體法律關係；而民事訴訟法就好比競賽中的規則、評判準則。

《圖解公司法》

透過圖解和實例，強化個人學習效率！

在國家考試中，公司法常常是讓讀者感到困擾的一科，有許多讀者反應不知公司法這一科該怎麼讀？作者投入圖解書籍已多年，清楚瞭解法律初學者看到艱澀聱牙的法律條文時，往往難以立即進入狀況，得耗費一番心力才能抓住法條重點，本書跳脫傳統的讀書方法，讓你更有效率地全盤瞭解公司法！

國家圖書館出版品預行編目資料

圖解不動產買賣 買房子的第一本書（第四版）
作　　者：錢世傑
臺 北 市：十力文化 2022.08
規　　格：352 頁；14.8×21.0 公分
I S B N：978-986-06684-9-0 (平裝)

1.不動產業 2.房地產法規

554.89023　　　　　　　　　　111006796

法 律 館　S2206

圖解不動產買賣／買房子的第一本書（第四版）

作　　者　錢世傑

責任編輯　吳玉雯
封面設計　劉詠倫
書籍插圖　劉鑫鋒
美術編輯　林子雁

出 版 者　十力文化出版有限公司

發 行 人　劉叔宙
公司地址　11675 台北市文山區萬隆街45-2號
聯絡地址　11699 台北郵政93-357信箱
劃撥帳號　50073947
電　　話　（02）2935-2758
網　　址　www.omnibooks.com.tw
電子郵件　omnibooks.co@gmail.com

ISBN　978-986-06684-9-0

出版日期　第四版第一刷　2022 年 8 月
　　　　　第三版第一刷　2019 年 7 月
　　　　　第二版第一刷　2014 年 2 月
　　　　　第一版第一刷　2011 年 2 月

定 價　480元

十力文化出版有限公司　企劃部收

地址：台北郵政 93-357 號信箱

傳真：（02）2935-2758

E-mail：omnibooks.co@gmail.com

讀 者 回 函

　　無論你是誰，都感謝你購買本公司的書籍，如果你能再提供一點點資料和建議，我們不但可以做得更好，而且也不會忘記你的寶貴想法喲！

姓名／　　　　　　　　　　性別／□女 □男　　生日／　　　年　　　月　　　日
聯絡地址／　　　　　　　　　　　　　　　　連絡電話／
電子郵件／

職業／□學生　　　　□教師　　　　□內勤職員　　□家庭主婦　　□家庭主夫
　　　□在家上班族　□企業主管　　□負責人　　　□服務業　　　□製造業
　　　□醫療護理　　□軍警　　　　□資訊業　　　□業務銷售　　□以上皆是
　　　□以上皆非　　□請你猜猜看
　　　□其他：

你為何知道這本書以及它是如何到你手上的？

　　請先填書名：
　　□逛書店看到　　□廣播有介紹　　□聽到別人說　　□書店海報推薦
　　□出版社推銷　　□網路書店有打折　□專程去買的　　□朋友送的　　　□撿到的

你為什麼買這本書？

　　□超便宜　　　□贈品很不錯　□我是有為青年　□我熱愛知識　□內容好感人
　　□作者我認識　□我家就是圖書館　□以上皆是　　□以上皆非
　　其他好理由：

哪類書籍你買的機率最高？

　　□哲學　　　　□心理學　　　□語言學　　　□分類學　　　□行為學
　　□宗教　　　　□法律　　　　□人際關係　　□自我成長　　□靈修
　　□型態學　　　□大眾文學　　□小眾文學　　□財務管理　　□求職
　　□計量分析　　□資訊　　　　□流行雜誌　　□運動　　　　□原住民
　　□散文　　　　□政府公報　　□名人傳記　　□奇聞逸事　　□把哥把妹
　　□醫療保健　　□標本製作　　□小動物飼養　□和賺錢有關　□和花錢有關
　　□自然生態　　□地理天文　　□有圖有文　　□真人真事
　　請你自己寫：